로마

똘레랑스의 제국

차례

Contents

로마여, 영원한 도시여

역사적 맥락에서 볼 때 로마는 유럽의 문명과 정신사의 중심에 있다. 과거 그리스 문화와 그리스도교의 전파 이후에도 로마는 세계 문명의 지도자적인 역할을 하였다. 중세에 유럽의 중심이 알프스 이북으로 이전되기는 하였으나 정신-문화적으로는 여전히 세계의 중심적인 위치를 고수하였고, 근대 이후에도 신앙의 근원지로서 예술의 도시로서 로마의 위치는 확고했다. 전세계 문명사회에서는 로마를 가리켜 영원한 도시(città eterna), 우주적인 도시(città universale), 세계의 머리(caput mundi), 지구의 총체(compendium orbis)라고 부른다. 그 중에서도 특히 '영원한 도시'라고 부르는 이유는 아마 로마가 정치적인 제국과 종교적인 제국의 중심지로서 그리고 문화의 제국으로서 오늘날에도 막강한 영향력을 행사하고 있기 때문이리라. 로마는 우리에게 있어 어떠한 의미로 기억되고 있을까? 유럽사를 공부하면서 우리는 언제나 로마를 떠올려야 했다. 로마를 정점으로 한 문명사를 다루는 것은 지극히 당연한 것으로 받아들여진다. 그뿐인가 오늘날 관광에서도 로마가 차지하는 자리는 매우 크다. 유럽을 여행하면서 로마를 맨 먼저 보고 나면 다른 지역들이 시시하게 보인다고 한다. 다른 주요 도시들을 보고 나서 맨 마지막으로 로마를 보면 모든 것이 종합적으로 정리되는 느낌이 들 것이다.

전설과 역사의 길목에서

로마의 건국에 얽힌 전설을 상투적으로 반복하는 것은 무의미할 것이다. 하지만 레아 실비아와 마르스신의 아들들로서 테베레 강에 버려졌다가 암늑대에 의해 발견되어 그 젖을 먹고서 자라난 로물루스와 레무스의 전설은 나름대로의 중요성을 지닌다. 전설에 따르면 트로이의 비극에서 살아남은 아에네아스가 이탈리아로 피신하여 이곳에서 라티움의 왕 라티누스의 딸인 라비니아와 결혼하였다. 이들 사이에서 출생한 아스카니우스는 알바롱가를 건설하였다. 많은 세월이 지난 후에 두 명의 후손 누미토르와 아물리아누스는 라티움의 왕권을 양분하고 있었으나, 아물리아누스는 동생 누미토르를 추방하고 왕권을 독차지하였다. 그리고 동생의 딸 실비아에게 신전의

로물루스와 레무스에게 젖을 먹이는 늑대.

여사제가 될 것을 강요하였다. 금혼령에도 불구하고 실비아는 산책 도중에 계절을 주관하고 전쟁과 힘의 신이기도 한 마르스의 눈에 띄어 임신을 하였다. 그렇게 태어난 쌍둥이 로물루스와 레무스는 왕의 결정에 따라 강물에 버려졌는데, 늑대에게 발견되어 그의 젖을 먹고 자라났다. 고국으로 돌아온 형제는 아버지에게 복수하고 왕권을 쟁취하였으나, 새로운 모험을 찾아 길을 떠나 테베레 강 유역에 도착하였다. 훗날 로물루스는 약속을 어긴 레무스를 죽이고 성을 쌓아 도시를 건설하였다. 결국 위대한 로마는 형제 살해의 비극 위에서 성립된 도시인 셈이다.

역사학자 바로(Varro)의 연구에 따르면 영원한 도시 로마가 창건된 것은 기원전 753년 4월 21일이라 한다. 그 당시 '로마'라는 어휘는 테베레 강의 이름인 'Ruman'에서 유래한 것이라고 주장하는 학자들이 있다. 한편 다른 학자들은 지리적인 외형 때문에 팔라티노(Palatino) 언덕에 붙여진 'ruma'와 '로마'

라는 어휘의 유사성에 주목하였다. 그러나 보다 먼 과거의 전설로 돌아가면, 단어의 기원은 '영원한 도시', 즉 로마의 선사시대로 거슬러 올라간다. 아무튼 '로마'라는 이름의 유래나 의미는 알 수 없다. 몇몇 그리스의 저술가들은 그 어원을 힘을 뜻하는 그리스어 'rhòme'과 연결시킨 바 있다. 다른 이야기에 따르면 아르카디아학파가 이곳의 라틴어 이름인 'Valentia'를 그리스어로 번역했다는데, 그 말 역시 힘을 뜻하는 것이다. 그런가 하면 고대 로마인들은 로물루스의 이름에서 도시명이 유래했다고 믿었다. 도시의 탄생 설화는 시대마다 다르게 형성되었으나 가장 오래된 것은 기원전 5세기의 그리스 역사가인 엘라니코 디 미틸레네(Ellanico di Mitilene)의 이야기다. 도시를 세운 에네아스가 트로이 여인 로마의 이름을 도시에 붙였다는 내용이다. 다른 그리스 저술가들은 에네아스의 아들, 혹은 오딧세우스 키르케의 아들 로무스의 이름에서 유래되었다고 전한다. 하지만 그 이전에는 로물루스가 에네아스의 아들 아스카니오의 외가 쪽 먼 후손이라는 알바니아 전설이 유력한 것으로 여겨지기도 했었다. 그 어떤 것도 무(無)에서 이루어진 것은 없다. 테베레 계곡의 언덕에 살았던 사람들은 라틴인들이었다. 이들은 기원전 7세기에 라치오와 캄파냐를 지배하던 에트루리아의 강력한 영향 하에 있었다. 라틴인과 에트루리아인은 동일한 종교와 상업적 규제, 법전, 군사제도 그리고 행정권을 상징하는 '갈대 다발(Fasces)'을 갖고 있었다. 라틴인들이 에트루리아인들을 지배하게 되자 사회 구성원들은 귀족과 평민(Plebeius)으로 나누어졌는데, 후자는 '부족장'의 지배 하에 시민-정치적인 평등을 누리고 있었다. 이러한 변화들은 기원전 4~5세기에 발생하였다.

역사를 통해 영원한 도시 로마는 제국의 희로애락을 주도하였다. 생존을 전제로 한 역경과 고난의 역사를 창출하기도 한 로마. '트로이의 목마'와 비슷한 사건으로서 타종족의 여성들을 납치하여 인구를 증가시키기도 한 로마. 그 시민들은 자신들에게 선진문물을 제공하던 에트루리아인들을 약탈자라는 명분으로 제거하였으며, 마침내는 일곱 명의 왕에 의한 통치를 마감하고 기원후 509년 공화정 체제를 경험하기도 하였다. 공화정 시대에도 로마는 'SPQR(Senatus Populusque Romanus)', 즉 '로마의 원로원과 민중'의 역사에서 "하늘과 땅이 변하지 않는 한……"이란 평화조약의 표현이 얼마나 값어치 없는가를 목격하였다. 또한 '민중의 이름으로' 민중을 탄압한 독재자들과 자신들의 피의 대가로 신분 향상에 노력하던 민중의 고독을 보았다.

로마는 3세기에 이르러 인구가 백만 명에 달할 정도로 확장되었다. 그러나 로마제국이 패망하고 나자 그 인구가 급속도로 감소하기 시작하여 마침내는 몇 만 명에 지나지 않을 정도였다. 그 이후, 특히 16~17세기에 이르러 중요한 건설사업이 진행됨에 따라 아우렐리아 성벽 안쪽에 형성되던 역사적 중심지가 크게 번성하긴 했으나, 본격적으로 성장한 것은 통일국가가 생긴 1871년 뒤였다. 도시가 이렇게 확장되자 부정적 요소가 뒤따랐다. 부동산 투기가 일어나게 되었고, 그러면서 도심은 온통 사무실이나 회사 본부가 차지하고 일반 시민은 변두리로 밀려날 수밖에 없었다.

하지만 역사적으로 볼 때 로마는 작은 언덕에 그 요람을 두고 있다. 이름하여 팔라티노(Palatino). 로물루스는 이 언덕에 둥지를 틀고 밭을 일구었다. 쟁기로 밭을 갈면서 자신의 영토를 확정짓는 경계선을 그어나가기 시작하였다. 경계선은 다름 아닌 'Solace sacro'라 불려지는 밭이랑이었는데, 이는 점차적으로 넓어져 제법 넓은 도읍을 형성하기에 이르렀다. 이를 가리켜 리비우스 같은 학자는 '장방형의 로마(Roma Quadrata)'라고 하였다. 역사학자 타키투스는 『연대기』에서 "로물루스가 원래 의도했던 관할구역이 어디까지 연결되어 있는지를 알아보는 것은 유익한 일"이라고 전제하였다. 그런 다음 오늘날 황소의 청동상이 멋들어지게 자리잡고 있는 소시장(Foro Boario)에서 시작되어 일정한 간격으로 경계를 이루는 돌이 팔라티노 언덕 주위에 놓이게 되었다고 주장했다.[1)] 포로 로마노나 캄피돌리오 시청 언덕은 포함되지 않았다가 티투스 황제에 이르러서야 로마에 포함되었고, 그때부터 도시의 위용은 엄청나게 확대되었다는 것이다. 고대 저술가들의 이러한 역사기록은 비록 고고학적인 고증을 거치지는 않았으나 역사적으로 커다란 의미를 지니고 있다.

로마가 이렇게 성장해나가자 인근에 살던 목동들이며 농민들이 대거 몰려들면서 주로 테베레 강 유역을 중심으로 새로운 터전을 가꾸기 시작하였다. 팔라티노 언덕 기슭을 중심으로 커다란 시장터가 형성된 것도 이러한 성장에 기인하였다. 로마는 점점 더 큰 도시로 발전할 수 있는 기본 요소들을 갖추어나갔다. 밖에서 들어온 힘과 안에서 배양되는 힘이 합쳐져 새로운 위력을 형성하였다. 마르치오 왕에 의해 테베레 강의 첫 교량 폰스 수블리시우스(Pons Sublicius)가 건설되었고, 많은 건설사업도 줄줄이 이어졌다. 이때가 곧 에트루리아 시대이다. 기원전 7세기 후반 이후 에트루리아 왕들, 타르키니들의 치하에서 로마는 건설의 붐을 이루어 도시의 기반을 확고히 구축했다. 그리하여 마침내는 도시가 일곱 개의 언덕 전체로 확장되어나갔다. 캄피돌리오 언덕 위에는 제우스 신전이 세워졌고 포로(Foro) 역시 바닥이 포장되는 등 아름답게 치장되었다. 아울러 원형경기장 치르코 맛시모를 건축하여 시민들의 유희활동을 증진시키기도 하였다. 이어 로마인들은 타르키니를 축출하고 에트루리아의 지배에서 벗어나면서 정치-사회-법률적인 구조를 다지기 시작했다. 그들은 인근 지역의 주민들과 싸우면서 영토를 확장해나갔다. 그러면서 그리스를 모델로 한 공화국을 세우고자 그 기틀을 확고하게 다졌다. 정부의 고문 역할을 하던 유력인사들이 전면에 나서 로마를 실질적으로 통치하기도 하였다.

세계의 중심을 향하여

로마가 세계의 중심지가 된 최초의 계기는 카르타고와의

만남이었다. 로마제국은 카르타고와의 전쟁(3차에 걸친 포에니 전쟁)으로 그리스와 접촉하고 명실상부한 지중해의 강자로 등장하였다. 특히 수도 로마와 한니발이라는 뛰어난 인물과의 만남은 이 도시의 고유한 가치를 밖으로 표출시키는 동기가 되었다. 소박하고 강인한 성격으로서 정의와 용기를 높게 평가하는 전통적인 가치관은 치욕적인 칸느 전투의 패배에서 다시 되찾게 되었다. 로마의 성문 앞에 휘날리는 카르타고의 군기 앞에서 무기를 잡은 16세 어린 소년의 당당한 모습에서는 제국의 수도로서의 자격을 획득하였다. 로마의 진정한 힘은 "로마를 상대로 하여 전투에서는 이길 수 있어도 전쟁에서는 이길 수 없다"고 고백한 한니발의 말에서도 짐작할 수 있다.

로마의 정신은 때로는 잔인한 측면으로 발산되기도 하였다. 전쟁에서 패한 한니발에게 로마인들은 실로 대단한 집착을 보였다. 로마인들은 그를 포로로 잡아 로마로 압송하여 민중이 보는 앞에서 처형하려 했다. 그들의 고집은 늙고 눈먼 초라한 노인으로 전락한 한니발에게 평온한 자살의 기회를 주는 것조차 거부하였다. 그러나 로마인의 정신은 이에 상응하는 대가를 지불해야만 하였다. 지중해를 정복하게 된 반면에, 로마는 정복한 그리스에게 정복당하는 운명을 맞이하게 되었다. 로마에서는 포에니전쟁의 영웅을 통해서 소개된 그리스풍의 살롱문화가 상류층 사이에서 확산되고 있었다. 새로운 문화를 호흡하며 성장한 크락쿠스 형제의 개혁 시도는 대농장제의 장본인인 원로원의 강력한 저항으로 비극적인 종말을 맞이하였다.

로마의 비극은 크라쿠스 형제의 개혁이 실패한 이후 자신을 '필요한 인물'로 과신하던 마리우스, 로마를 개인의 소유물로 간주하던 술라, 그리고 독재자를 천재적인 언변으로 질타하던 키케로의 고독, 갈리아의 실질적인 소유주로서 루비콘 강을 건넌 체사르, 로마 민중의 '3월의 분노' 등으로 이어졌다. 그러나 로마는 황혼기에 접어든 클레오파트라의 황홀한 유혹을 어렵게 뿌리치고 로마제국의 건설을 선택한 아우구스투스의 고향이기도 하다. 로마제국의 수도로서 로마는 과거의 역사와 마찬가지로 대외적으로는 팽창과 수축의 역사를 그리고 대내적으로는 수많은 가문과 개인의 비극을 배태하기도 하였다.

로마의 휴일

핀치오(Pincio) 언덕에서

보르게세 정원 안에는 나그네의 관심을 끄는 작은 연못이 하나 있다. 고색창연한 모습의 이 연못 한가운데 그 자체로 역사성이 풍부한 듯한 물시계가 있다. 어제와 오늘을 이어주는 시계바늘에 실려 수많은 추억들이 흘러갔을 법한 기분을 느낀다. 학생 시절 그토록 많은 시간을 유럽의 역사공부에 바치지 않았던가? 그리고 로마의 역사는 그 중에서도 제일 많은 이야기를 토해내지 않았던가? 유리상자 안의 물줄기, 그 물줄기의 쉼 없는 움직임에 따라 바늘이 천천히 움직인다. 시간을 가리키는 단순한 기계인가, 아니면 시간을 창조해내는 신비의 손인가? 아무튼 연못 주위를 맴돌며 역사의 뒤안길을 서성거린다. 가까이에 널따란 광장이 있다. 이름하여 나폴레옹 광장. 아들을 로마의 왕이라 명하고 그를 위해 기획한 것이 핀치오 정원이다. 이 지역은 루쿨로(Lucullo) 정원들과 함께 로마시대에 핀치 가문에 속했었다.

핀치오 물시계.

광장의 한쪽으로는 저 앞으로 피아차 델 포폴로(국민의 광장)가 우람하게 내려다보인다. 광장의 한복판에는 기원전 13세기의 오벨리스크가 팔려온 신부처럼 서러운 모습을 하고 있다. 눈을 들어 저 멀리로 시선을 보낸다. 타자기 형태의 균형잡힌 모습의 현충탑 빗토리아노와 베드로 대성당, 그 외 수많은 기념물들이 한눈에 들어오는 참으로 아름다운 정경이다. 광장 왼편에는 베네치아 광장으로 치달을 수 있는 비아 델 코르소가 있는데, 그 어구에 베르니니가 설계한 몬테산토의 성 마리아, 미라콜리의 성 마리아 등 쌍둥이 성당이 있고, 오른편으로는 박물관이나 다름없는 교회들 중 하나인 성 마리아 델 포폴로가 있다. 여기에는 브라만테, 라파엘로, 브레뇨, 핀투리키오, 카라바지오의 예술작품들이 즐비하다. 미켈란젤로의 성

화인 성 바오로의 개종과 십자가에 못 박힌 성 베드로는 그 중에서도 으뜸이다. 이 성당은 또 마르틴 루터가 근처에 있는 아우구스투스 수도원에서 종교개혁 이전에 2년 동안 살았을 때 첫 미사를 봉헌했던 곳이기도 하다. 핀치오 광장 주변은 산책의 명소로 유명하다. 인형극으로 나그네의 마음을 설레게 하는 소음이 귀찮게 들리지 않고, 시끄러운 오토바이를 탄 청년들도 예쁘게만 보인다. 그만큼 포근해지는 마음 때문이리라. 저 멀리 베드로 대성당 쿠폴라 뒤로 듬성듬성 피어 있는 구름들을 아름답게 채색한 석양빛이 그토록 아름다울 수가 없다.

베네토 거리(Via del Veneto)는 로마의 명동이다. 온갖 화려함이 있고 쾌락이 있으며 낭만과 예술이 어우러져 있다. 때로는 위엄과 허세가 교묘한 조화를 이루며, 축복과 타락, 희망과 절망이 힘겨루기를 하는 곳이기도 하다. 이 거리의 빛과 그림자 어느 편에 서 있느냐에 따라 우리의 로마여행은 모습을 달리할 것이다. 고급 호텔들이 늘어서 있고 이름난 술집들이며 카페들이 나그네를 유혹한다. 한때는 거리의 여인들이 유혹의 눈길을 보내던 곳이기도 하다.

이 거리를 되도록이면 천천히 걸어볼 일이다. 사람의 물결 속에 발걸음을 내맡긴 채……. 로마의 다른 어떤 곳보다 현대적 감각이 주류를 이루는 가운데 저 멀리 고색창연한 성문이 나타난다. 보르게세 정원으로 우릴 안내하는 일종의 성문인 포르타 핀치아나이다. 로마에서 이보다 큰 정원은 없다. 이탈리아의 명문대가 중 하나인 보르게세 가문에 속해 있던 이 정원은 오늘의 로마인들에겐 영원한 안식처이다. 소나무와 가시나무들이 빽빽이 우거진 숲 사이로 멋진 드라이브 코스들이 뻗어 있다. 멋진 역사성을 지닌 건물들이 나그네의 발길을 사로잡는다. 맨 먼저 보이는 것이 보르게세 카지노이다. 이는 원래 쉬피오네 보르게세 추기경의 여름 별장으로 사용되었다. 보르게세 가문은 또 다른 명문대가 출신이었던 교황 바오로 5세와도 인척관계를 맺고 있었다. 쉬피오네 추기경은 여름철에 여기에 기거하면서 많은 파티와 연회를 열었다. 현재 보르게세 집안사람들이 이 저택에서 살지는 않는다. 그들은 로마 중심부에 있는 어느 커다란 궁전에서 아직도 위엄 있게 살고 있는 것으로 알려져 있다.

이 저택은 1613년 폰치오와 바산치오의 설계로 건축되었는데, 1902년에 나라에서 건물과 또 거기 소장되어 있던 예술품 일체를 매입하여 박물관으로 꾸몄다. 여기에는 거장들의 조각품과 그림들이 잘 전시되어 있다. 건물 안으로 들어서자 곧장 우리의 눈을 압도하는 천장 벽화들과 마주친다. 18세기 시칠리아의 예술가 마리아노 롯시가 로마의 역사와 이교적 신화에서 영감을 받아 예술적으로 형상화한 작품들이다. 금방이라도 살아 움직일 듯한 모습으로 방문객을 맞고 있는 여인의 조각상 등 수없이 많은 작품들이 눈에 들어온다. 누구나 한 번쯤은 사진으로나마 보았을 카노바의 파올리나 보나파르트 조각상이다. 파올리나는 나폴레옹의 여동생으로 보르게세 가문의 왕자 카밀로와 결혼하였다. 19세기 신고전주의의 대표적인 조각가 카노바에게 왕녀 자신이 직접 부탁하여 만든 이 작품은 문자 그대로 최고의 걸작이다. 화려한 장식과 사실적 섬세함이 잘 표현된 것으로서 그리스와 로마의 고전작품들이 되살아난 듯한 분위기를 준다. 방바닥에는 3세기에 로마 근처의 투스콜로 지방에 있던 것을 가져다 설치한 모자이크가 있는데, 검투사와 야수의 싸움을 투영하고 있다. 벽을 따라 진열되어 있는 대리석상들은 황제들, 신화의 주인공들인데, 이 모두 역시 뛰어난 예술성을 자랑하고 있다. 이 박물관에 소장되어 있는 예술품 가운데 특히 관심을 끄는 것은 잔 로렌초 베르니니(1598~1680)의 조각품일 것이다.

핀치오에서 산책길을 따라 조금만 내려오면 트리니타 데이 몬티 성당이 나타난다. 프랑스의 샤를 8세에 의해 세워진 이 성당의 역사적 예술성은 차치하고, 우선 그 성당 발치에 아름다운 모습으로 스페인 광장까지 뻗어 내려오는 돌계단에 그만 압도되고 만다. 방방곡곡에서 모여드는 순례자들의 아픈 다리를 쉬게 하고, 낭만의 열기로 그들을 훈훈히 적시며 피로한 마음을 달래주는 계단이다. 수많은 예술가들이 앉거나 누워서 혹은 서성거리며 예술적 혼을

스페인 광장.

불태우기도 하고, 때로는 만남의 장소가 되어 헤아릴 수 없을 정도로 많은 만남과 헤어짐을 지켜보기도 했으리라. 1960년대 말부터 1970년대 초엽엔 히피들이 몰려와 낙원을 이루기도 하였다. 1723년에 프랑스의 외교관이었던 게피에가 건축하여 로마에 증정한 이 계단은 건축가 데 상티스와 스펙키가 설계했다. 여기에서는 일년 내내 이벤트가 이어지지만, 이른 봄철에 벌어지는 꽃잔치가 가장 멋지다. 찬란한 햇빛과 어우러진 꽃들의 색채들. 20세기 초에 왕성한 활동을 했던 시인 다눈치오가 쓴 「로망스」라는 작품의 첫 소절과 마지막 소절이 떠오른다.

2월은 살포시 죽어간다.
금물결 색채 속으로
장미꽃밭 같은 아름다운 광장
햇살 속에서 꽃향기 피운다.
……
태양은 광장을 비추며
노란 금빛으로 감싸안는다.
내 사랑하는 여인이 떠나갔고
내 마음 그 따라 가고 있다.

이 광장을 스페인 광장이라 부르는 데에는 연유가 있다. 건축가 스펙키가 설계한 교황청 주재 스페인 대사관이 이곳에 자리잡고 있기 때문이다. 맞은편에는 원주가 하나 세워져 있는데, 그 꼭대기에는 동정녀 성모상이 있어 시가를 수호하고 있다. 예술가들의 거리인 비아 마르굿타가 곁에 있어 수많은 전시회가 열리고, 패션쇼가 정기적으로 열리는 홀들과 갖가지 골동품이 거래되는 가게들이 있다.

스페인 광장 인근은 명실 공히 명품들이 넘실대는 유행의 중심가이다. 보석으로 유명한 불가리, 구찌, 아르마니 등 세계적인 브랜드를 자랑하는 유행의 마술사들이 즐비한 거리, '비아 데이 콘돗티'이다. 여기서 거래되는 물품들은 모두 장인들의 단련된 손으로 만든 예술품들이다. 명품점은 아닐지 몰라도 사이사이에 아담한 규모의 가게들이 있어 그들 나름대로의 명품들을 팔고 있다. 그것들 역시 장인들의 손으로 정성스럽게 제조된 예술품들이다. 그러기에 이 거리는 다른 어떤 거리보다 로마인들의 사랑을 받고 있다.

이른 저녁 무렵 가벼운 차림으로 콘돗티 거리를 산책해보라. 곁에 사랑하는 연인이 있으면 더욱 좋으리라. 나이는 상관없다. 의상도 상관없다. 아이스크림을 하나쯤 들고 천천히 걸으면 그만이다. 남녀노소 가릴 것 없이 모두가 친구가 된 기분이다. 인파에 휩싸여 이리저리 걷다보면 피곤하기도 할 것이다. 그러면 들를 수 있는 곳이 따로 있다. 이름하여 '카페 그레코', 18세기 후반에 개점한 이 카페야말로 로마풍의 기분을 최상의 상태로 만끽할 수 있는 곳이다. 많은 사람들이 마실 것을 들고 선 채로 정겨운 대화를 나눈다. 홀 안으로 들어가보기

바란다. 그 옛날 괴테, 스탕달, 바이런, 키츠, 스트라빈스키 등 수없이 많은 시인, 소설가, 화가, 음악가들이 즐겨 찾으며 담소를 나누던 자리에서 차를 한 잔 앞에 두고 명상에 잠겨보는 여유를 즐긴다는 것은 얼마나 행복한 일인가. 자리값을 예상보다 많이 지불하여도 전혀 아깝지 않으리라. 나는 유학 시절은 물론이려니와 그 뒤로 로마를 방문할 때마다 어김없이 이 카페를 찾는다. 이 카페에서는 아무리 바쁘다 해도 느긋한 느림을 사랑하지 않으면 안 된다. 모든 것이 옛날식으로 진행되고 있으니까.

로마는 언제나 그러했듯이 로마인만의 로마가 아니다. 일찍이 로마인들은 영토를 넓혀갈 때 관대한 포용정책을 즐겼다. 심지어는 시민권까지 주면서 동화정책을 사용했다. 토속성과 향토성을 존중하면서 자신의 문화를 확산시켰던 것이다. 문화란 자발성을 먹고 자란다. 어떤 강압성이 작용하면 거부하고 나서는 게 문화의 속성이다. 로마는 오늘의 뉴욕이 그러하듯이 언제나 'melting pot' 역할을 해왔다. 어떤 것이든지 수용할 태세가 확고하다. 무엇이 그렇게 만들었을까? 물론 종교의 힘이 강할 것이다. 또 스포츠의 힘도 있다. 자신이 하면서 즐기는 스포츠에서 남이 하는 것을 보면서 즐기는 스포츠, 그리하여 프로정신이 강하게 자리잡은 것은 바로 로마에서이다. 오늘의 프로축구나 다른 종목의 운동을 생각할 필요가 없다. 멋 옛날 검투를 생각해볼 일이다. 종교도 자신의 구원이라는 가장 중요한 목적보다는 종교를 통해 사회적 힘이 어떻게 결집

되는지가 더 큰 관심이었다. 지극히 개인주의적이면서도 전체성의 울타리 안에서 자신의 정체성을 찾고 싶어하는 로마인들의 일반적인 성격의 한 단면이라고 볼 수 있을 것이다. 영원한 도시라지만 모든 것을 붙들어놓고 역사 속에서 안주하는 것으로 만족하는 그런 도시는 아니다.

삶의 거리 코르소(Via del Corso)

포폴로 광장에서 베네치아 광장까지 이어지는 길이 일찍이 스탕달이 우주에서 가장 아름다운 거리일 것이라고 하던 코르소이다.[2] 하루 종일 참으로 많은 인파가 넘실거린다. 이탈리아에서는 어느 도시를 가도 코르소라는 이름의 거리가 있다. 옛날부터 경마경주를 즐기던 사람들이 도시마다 그러한 공간을 만들어놓고 있는 것이다. 오늘날엔 코르소가 번화가로서 상업적 중심지가 되어 있다. 사람들이 많이 모이니 당연히 그렇게 될 수밖에 없지 않은가. 대기업적 유통체계가 없는 이탈리아에는 중소기업 규모의 상점들이 바탕을 이루고 있다. 로마에 이렇다 할 백화점이 없는 것도 이 때문이다. 대자본의 유통 센터보다는 소자본의 상인들이 보호를 받는 것이다.

상점들이 즐비한 코르소는 하나의 커다란 쇼핑센터이다. 일년 열두 달이 관광철이라고는 하지만 그래도 특별히 많은 사람들이 모이는 봄철이면 저마다의 개성을 자랑하는 스타일이 인상적이다. 새로움을 추구하는 취향이 어느 한 방향으로 나아가면 유행이 생기기 마련인데 비아 델 코르소에는 그러한 흐름이 없는 것 같다. 너나할것없이 개성과 특성을 강조하다 보니 유행에는 별로 신경을 쓰지 않는 것 같으니까.

비아 델 코르소 양쪽으로 한 골목만 들어가면 놀라운 명소들이 즐비하다. 우선 맨 먼저 마주치는 것이 도리아 팜필리 미술관인데, 여기에는 티치안과 미켈란젤로는 물론이려니와 그 외 유명한 16~17세기 예술가들의 그림들이 전시되어 있다. 가장 인기를 누리고 있는 작품은 미켈란젤로가 그린 초상화 이노첸시우스 교황이다. 비아 델 코르소의 또 하나의 명물은 아우렐리우스 원주로서 여기에 새겨진 부조는 아우렐리우스 황제(180~193)의 치적을 나타내고 있다. 또한 비아 델 코르소 인근에는 아우구스투스의 묘와 평화의 제단이 있다. 평화의 제단은 원래 로마의 평화를 기원하기 위하여 기원전 13~18세기 건축되었으나 시간이 흐르면서 완전히 파괴되었고, 다시 1983년에 복원되었다. 비아 델 코르소를 따라가며 관람할 수 있는 것으로 가장 유명한 것은 트레비 분수, 판테온, 나보나 광장일 것이다.

트레비 분수(Fontana di Trevi)

트레비 분수에 가면 갖가지 언어들이 폭포수 같은 분수의 소리를 뚫고 여기저기서 들려온다. 얼굴 모양, 피부색, 차림새 등이 그 언어의 주인공들이 누군지 암시해주는 것만 같다. 개

구쟁이들이 기다란 막대기로 물속의 하얀 동그라미를 낚시질 한다. 아름다운 미신에 현혹되어 숱한 소원을 빌며 던졌던 동전들이건만…….

물속에서 반짝이는 많은 동전들을 보면서 옛날에 내가 던졌던 그 어떤 하나 혹은 세 개의 의미를 새겨본다. 묘약의 영험과도 같은 위력을 내게 안겨다준 그 어떤 동전에게 한없는 고마움을 느끼며 저 넵튠이 퍼붓는 사랑의 샘을 고즈넉한 마음으로 즐기고 있다.

플리니오라는 역사학자는 일찍이 고대세계의 경이 가운데 가장 으뜸으로 로마의 수도관을 꼽은 바 있다. 제국시대의 로마에는 기념비적인 멋진 상수도 시설이 열네 개가 있었다. 그런데 제국이 멸망하고 침략과 약탈이 진행되는 동안 수도관들이 모조리 파괴되었다. 신속한 항복을 유도하기 위함이었다. 중세기 로마인들은 물이 부족하여 고난을 많이 겪었는데 르네상스시대에 이르러서야 교황들이 상수도를 보수하고, 또 새로 건설하였다. 이를 기념하는 의미로 로마인들이 멋진 분수를 만들었는데, 폴리도리는 그 중에서 트레비 분수가 가장 돋보인다고 말했다. "트레비 분수는 니콜라 살비의 설계로 1730년에 시작하여 1762년에 완공되었으나 이 분수의 건설을 위한 초기 기획안이 수립된 지 2세기 후의 일이었다."3)

로마에는 영원성이 간직된 문화유적이 많다. 당신이 만든 추억거리들도 조금만 지나면 또 하나의 영원성 속에 잠기게 될 것이다. 그래서 언제나 돌아가보고 싶은 소망을 자극하는가보다. 나그네들이 트레비에 동전을 던지는 이유를 알겠는가?

이탈리아의 작곡가 레스피기는 로마의 특성을 소나무와 분수로 표현한 교향시를 작곡한 일이 있다. 그도 그럴 것이 로마 구석구석마다 소나무 숲이 울창하고 광장에는 분수가 있기 때문이다. 현대 도시든 고대 도시든 분수는 지니고 있기 마련이라지만 로마의 분수처럼, 더 나아가서는 이탈리아의 분수처럼, 예술적이고 토속적인 것들이 있을 것 같지는 않다. 로마야말로 으뜸가는 분수의 도시다. 희망과 환희, 강인한 생명력과 상상력, 사랑과 예술. 이것들은 곧 시인들이 저들의 상상의 텃밭에 가꾸어놓은 분수의 변신들이다. 로마를 가리켜 '물의 여왕(Regina aquarium)'이라고 하는 이유가 바로 여기에 있는 게 아닐까?

분수와 광장 그리고 만남이 잘 어우러진 것이 곧 트레비 분수일 것이다. 수많은 만남을 주선했고 그 만남들이 이루는 이야기들을 물속으로 빨아들여 영원히 흐르는 큰 물로 실어날랐을 것이다. 트레비 분수는 특히 조명이 황홀하게 장치된 밤에 보면 더 환상적인 느낌을 받는다.

트레비 분수는 로마에서 바로크 양식으로 된 마지막 걸작으로서 바다의 신 넵튠을 형상화하고 있다. 넵튠은 트리톤과 해마가 이끄는 조개껍질 위에 타고 있다. 트리톤은 포세이돈의 아들로서 머리와 몸체는 사람이고 아랫도리는 물고기 형체를 하고 있는 그리스 신화의 인물이다. 해마는 두 마리인데, 하나는 길들여진 말로서 고요한 물을 상징하고 다른 하나는 야생의 말로서 요동치는 물을 나타낸다. 건물 상단 부분에 있는 네 명의 여인들은 4계절을 가리키고 있다. 이 분수에 있는 물은 처녀의 샘에서 유래한다. 로마의 한 처녀가 전쟁터에서 귀환한 목마른 병사들에게 이 처녀의 샘을 가리키고 있다는 전설적인 이야기가 이 건물의 부조에 새겨져 있다. 원래 트레비의 물을 로마로 운반하는 수도관을 설치했던 장본인은 판테온 신전을 건설하기도 했던 아그리파였다. 그는 아우구스투스 치하에서 집정관 벼슬을 하였다.[4)]

나보나 광장(Piazza Navona)

로마에서 가장 특징적이고 아름다운 광장으로 평가받는 이 광장의 역사는 고대 로마시대로 거슬러 올라간다. 이 일대는 옛날 황제 도미치아누스 경기장(Circo dell'imperatore Domiziano)이 있던 곳으로, 경기장의 관중석 계단이 있던 그 자리에 오늘날 광장을 빙 둘러 감싸고 있는 건물들이 세워진 셈이다. 이 경기장은 모형 해상전투, 대중을 위한 대 무대, 놀이 등의 행사가 거행되던 일종의 매머드 스포츠 복합시설이었다. 나중에는 비록 이것이 파괴되어 흔적이 거의 다 사라져버렸다 해도 사람들은 한결같이 이 경기장을 이용해 삶을 즐겼다. 중세기 동안에 민중들의 축제행사가 이곳에서 계속 열렸고, 19세기에도 떠돌이 코미디언들이 무더운 8월의 휴일에 우스갯거리를 들고 나와 대중들을 즐겁게 하였다. 그들은 분수에 물이 넘치게 한 다음 그 물속에 자맥질을 하는 등 희극적인 놀이를 했다. 추기경들이나 부자들은 이들의 손에 돈을 듬뿍 던져주며 격려함으로써 사람들을 기쁘게 하였다. 오늘날에는 성탄절에 커다란 마켓이 들어서서 생동감 있는 지난날의 모습을 재현해 주고 있다.

현재의 직사각형 형태로 광장이 건축된 것은 17~18세기의 일인데, 그 뒤로 변형은 전혀 이루어지지 않았다. 교황 이노첸시우스 10세는 지롤라모 라이날디에게 명령하여 팜필리 궁전(Palazzo Pamphilj)을 재건축함으로써 그때까지 버려졌던 광장을 재정비하였다. 이 궁전은 외부는 물론 내부도 화려하게 꾸며졌다. 피렌체 출신의 화가 피에트로 다 코르토나의 벽화 등 귀중한 미술품을 많이 지니고 있는 걸작이었으며 많은 다른 건물의 건축에 촉진제 역할을 하였다. 교황은 아네세 성인이 순교했던 그 자리에 성 아네세 성당도 짓도록 하였다. 중세 때에도 이미 이 경기장 성벽 위에 첫 번째 성당이 세워졌다가 나중에 파괴되었는데 그 잔해 위에 건축가 보로미니가 말썽 많은 성당을 건축한 것이다.[5)]

나보나 광장에는 바로크풍의 분수가 셋 있는데, 그 중에서 제일 유명한 것이 가운데 자리잡은 4대 강 분수로서, 베르니니가 설계한 것이다. 네 개의 비유적 형상은 나일 강, 갠지스 강, 다뉴브 강, 리오 강을 상징적으로 나타내고 있다. 베르니니의 라이벌이었던 보로미니의 성 아네세 성당이 바로 이 분수와 마주보고 있는데, 이 성당과 분수의 조각상에 얽힌 일화가 아주 유명하다. 베르니니는 리오 강을 상징하는 조각상으로 하여금 두 팔로 마치 무너지는 성당을 막으려는 제스처를 취하도록 함으로써 보로미니의 건축물을 깎아내렸다 한다. 그러나 사실은 이 분수가 세워진 것은 1651년의 일이고 성당은 1666년에 완공되었으니, 말쟁이들이 베르니니와 보로미니의 라이벌 관계를 희화화하려는 의도에서 꾸며낸 이야기일 것이다.

나보나 광장이 자리잡고 있는 이 지역 캄포 마르치오는 길이 좁고 어두운 골목이 많으며 건물들이 전반적으로 꼭꼭 닫혀 있어서 흘러간 옛 도시의 분위기를 물씬 풍겨준다. 화려한 전통과 매력적인 풍미는 다른 어느 곳보다 풍부하며 로마시대에는 수많은 공공건물, 스타디움, 극장들이 세워져 있던 곳이다. 카이사르가 암살되었던 곳도 이 지역에 있던 폼페오 극장으로서 오늘날에는 발레의 성 안드레아 성당이 자리잡고 있다.

판테온(Pantheon)

판테온은 옛 로마인들이 제신(諸神)을 섬기기 위해 봉헌한 신전이다. 그리스도교가 1세기에 들어와 온갖 박해를 견딘 끝에 공인된 것이 4세기의 일이었으니 너무나 오랫동안 제신들의 역사가 지속되었다고 할 수 있다. 그러나 오늘날 판테온에 가면 이런 분위기는 전혀 느낄 수가 없다. 그리스어로 '모든 신들'과 '가장 성스러운 곳'을 의미하는 판테온은 그리스도교에 동화되어 이미 성전 같은 느낌을 주고 있다.

판테온.

그런데 재미있는 것은 이 성전에 모셔진 역사적 인물 중에서 제일 먼저 눈에 띄는 것이 르네상스시대의 화가 라파엘로라는 사실이다. 갈기갈기 찢겨 있던 이탈리아가 1861년 우여곡절 끝에 통일된 이탈리아 왕국이 되었는데 그때의 왕이 빗토리오 에마누엘레 2세이다. 이 판테온에는 그의 유해와 그의 아들 움베르토 1세 그리고 왕비 마르게리타가 묻혀 있다. 예술가를 왕들의 반열에 올려놓고 숭앙한다는 게 우리에게는 매우 이상한 일이지만 이탈리아 사람들에겐 극히 자연스러운 일이다. 밀라노의 공동묘지에 가면 19세기의 소설가 만초니의 묘지를 보면서 깜짝 놀랄 것이다. 이 작가에 대한 국민적 사랑을 극대화하기 위함인 듯 가장 중요한 위치에 별도의 집을 마련하여 그의 묘지를 모시고 있다.

피렌체에는 성 십자가 성당이 있다. 고색창연한 이 성당은 종교-역사적으로나 예술적으로 그 가치가 최고에 달하지만,

그보다도 더 훌륭한 점은 성당 벽면에 모셔놓고 있는 묘지의 주인공들이 역사적으로 이탈리아를 빛낸 문화-예술계 인물들이라는 사실이다. 마키아벨리, 알피에리, 포스콜로 등 훌륭한 작가들은 물론 심지어는 단테의 가묘까지 (진짜 묘지는 라벤나에 있음) 이 성역에 모셔놓고 있는 것이다. 라파엘로는 스스로 이곳에 묻혔으면 하는 소망을 나타낸 바 있었는데, 후예들이 그의 소망을 무시하지 않은 점은 칭찬받을 일이다. 신전으로 숭앙받아온 원래의 의미에 부합하도록 여기에는 제우스신을 정점으로 하여 불의 신 마르스, 로마의 시조 로물루스, 트로이에서 이탈리아로 도망쳐 온 아에네이스 장군의 묘지가 모셔져 있다.

판테온 안에 서 있으면 역사의 숨결이 절로 느껴지는 듯하다. 기원전 27~25년에 아우구스투스 황제의 사위이며 집정관이었던 마르쿠스 아그리파에 의해 세워져 원래 하늘의 주요 일곱 신들에게 헌당되었다. 그러나 초기의 건물은 없어지고 기원후 118~125년에 하드리아누스 황제의 의지에 따라 현재의 성전이 건축되었다. 이 성전이 오늘에 이르도록 완벽하게 보전될 수 있었던 것은 609년에 교황 보니파치우스 4세가 비잔틴의 포카(Foca) 황제로부터 이것을 선물로 받아 교회로 바꾸어놓았기 때문이다. 성모 마리아에게 헌정된 이 성전은 전면의 주랑현관이 그리스의 신전풍으로 되어 있으며, 내부의 둥근 원형의 공간이 고전적인 로마풍으로 되어 있어 그 위용을 자랑한다. 높이와 내부 둘레가 똑같이 약 43m이고 천장 쿠폴라의 높이는 그 절반에 해당한다. 더구나 자연스럽게 그 곡선이 바닥까지 이어져 완전한 조화를 이루고 있기에 건축학적으로 높은 평가를 받고 있다. 특히 완벽한 역학적 조화를 바탕으로 한 쿠폴라는 보강철재 없이 건축된 것으로 42m의 지름을 가진 베드로 대성당보다 1m나 더 긴 최고의 것으로 알려져 있다.[6] 그 옛날 그토록 정확한 계산을 산출해낼 수 있는 수학적 지식은 물론 그 놀라운 건축술이 어떻게 가능했을까. 로마인들의 능력에 머리가 숙여진다.

판테온을 중심으로 코르소 거리의 뒷골목들은 예로부터 로마인들의 삶을 가장 가까이에서 관찰할 수 있는 장소이다. 일상생활에 없어서는 안 될 갖가지 직종을 담당하는 사람들이 모여 살며 생기를 불어넣고 있다. 이 지역은 장인들의 삶의 터전으로 이해되고 있으며, 로마의 인사동이라 할 골동품 거리도 가까이에 두고 있다.

판테온 근처에는 산타 마리아 소프라 미네르바 성당이 있다. 로마에 있는 유일한 고딕 양식의 성당으로서 여기에는 미켈란젤로의 조각상 「십자가를 지고 있는 예수」 등 몇 가지 보물이 있다. 성당 앞의 로톤다 광장 또한 역사적이다. 로마인들은 이 광장의 원래 이름을 모른 채 판테온 광장이라 부르고 있다. 교황 클레멘시우스 11세의 명으로 자코모 델라 포르타가 설계해 아프리카에서 가져온 대리석으로 만든 분수와 함께 멋진 위용을 자랑하는 오벨리스크가 있다. 판테온 바로 앞 건물에 부착된 석판의 글귀를 통해 18세기에 교황의 특명으로 주막집과 사창가로 악명을 떨치던 이 지역이 정화되었다는 사실을 알 수가 있다. 또한 그 석판은 르네상스 시기의 유명한 시인 탓소(Tasso)가 오늘날 델 솔레 호텔이 들어 있는 건물에서 살았다는 것도 알려준다.

베네치아 광장(Piazza Venezia)

로마의 심장부에 속한다는 베네치아 광장에 들어서면 "시민 여러분, 들으시오"라고 외치는 확성기 소리가 고막을 찢는 듯한 느낌이다. 광장 오른편의 베네치아 궁전 발코니에 나와 손을 내밀어 위협적으로 연설하던 무솔리니의 모습이 떠오르지 않는가? 대로마의 영광을 되찾자는 기치 아래 이탈리아인들을 독려하던 독재자의 음성이 들려오는 것이다.

조국의 제단은 참으로 넓고 또 아름다운 베네치아 광장에서 제일 먼저 눈에 띄는 기념물이다. 그 생김새 때문에 타이프라이터라는 별명으로 불리기도 했던 이 기념물은 이탈리아의 통일을 성취시킨 빗토리오 에마누엘레 2세가 1878년에 서거하자 그의 죽음을 애도하기 위하여 건립하기로 하여 1885년에 착공하였다. 그 뒤 1911년 이탈리아의 통일 50주년을 맞아 에마누엘레 3세에 의해 준공된 이 기념물의 공식 명칭 빗토리아노는 그 숭고한 의의에도 불구하고 외관상으로 '영원한 도시'에 걸맞은 모든 역사적 유물들과 조화를 이루지 못한다는 비난을 많이 받았다. 그래서 심지어는 '가장 추악한 궁전'이라고 부르기도 하였다. 아무튼 주셉페 사코니의 설계로 세워진 이 기념물은 그리스풍의 섬세한 미를 바탕으로 하여 이탈리아의 통일과 이탈리아인들의 자유에 헌정되어 있다. 가운데 우뚝 솟아 있는 기마동상의 주인공은 이탈리아를 통일시킨 빗토리오 에마누엘레 2세이고, 곳곳의 상징 조형물들은 역사적 신화적 소재에 바탕을 두고 있다.

조국에 바치는 탑(빗토리아노).

제단 내부에는 조국을 위해 이름 없이 죽어간 무명용사의 무덤이 있는데 이방인인 나마저도 숙연한 기분에 젖게 한다. 이 기념물에 무명용사의 묘지가 모셔진 것은 1921년의 일이다. 2003년 11월에 이라크 나시리아에서 전사한 이탈리아의 군인 열일곱 명과 민간인 두 명의 유해를 모시게 된 것이다. 앞부분에 있는 두 개의 원주 위에 숭고한 승리를 상징하는 조각상이 세워져 있고 그 앞에 두 개의 조각상이 있는데, 그 하나는 '사색'을 또 하나는 '행동'을 상징한다. 또한 기념물 발치의 양쪽에 두 개의 분수가 있는데, 이는 각각 이탈리아의 동쪽 바다(Mare Adriatico)와 서쪽 바다(Mare Tireno)를 나타내고 있다. 그리고 곳곳에 새겨진 식물들도 깊은 의미를 담고 있다. 승리를 뜻하는 종려나무, 힘을 나타내는 참나무, 가치와 승리로 얻어진 평화의 월계수, 희생을 상징하는 은매화, 평화와 융화를 의미하는 올리브나무 등이 새겨져 있다.

빗토리아노에서 내려와 광장으로 나온다. 역사의 어제와 오늘을 넘나드는 기분이 든다. 마르첼로 극장 쪽으로 방향을 잡는다. 산책하기에 최상이다. 소나무가 적당히 우거져 있고 잔디가 깔끔히 깔린 정원도 아름답기 그지없다. 왼편으로 돌계단이 멋지게 나 있고 그 꼭대기에는 5세기에 세워진 아라챌리 성 마리아 성당이 있다. 돌계단을 오르는 동안에는 등줄기에 땀이 주르륵 흐르지만 성당에 들어가 경건한 분위기에 잠기다 보면 마음속 깊은 곳까지 평온함을 느낀다. 아우구스투스 황제가 이 지역에서 성모 마리아의 영상과 마주쳤는데, 그로부터 예수의 강림을 예언받고 유노의 신전이 있던 자리에 이 성당을 지었다 한다.

캄피돌리오 광장(Piazza del Campidoglio)

아라챌리 성 마리아 성당 바로 옆에 캄피돌리오가 있는데 거기엔 옛 시청사가 자리잡고 있다. 그곳에 가기 위해서도 코르도나타라는 돌계단을 올라야 한다. 돌계단 중간 지점 왼쪽으로 조그만 숲이 있는데, 한때는 나무 밑에 늑대 한 쌍을 키우고 있었다. 알다시피 늑대는 로마의 아버지인 로물루스와 레무스 형제에게 젖을 먹여 키웠던 은혜의 동물이 아니던가?

카피톨리노 언덕 역시 옛 로마를 형성하는 일곱 개의 언덕 중 하나이다. 특히 이 언덕은 초기부터 가장 중요한 역할을 해왔던 역사적인 장소이기도 하다. 여기엔 기원전 509년에 세운 카피톨리누스 신전이 있다. 고대 로마인들의 종교와 정치 및 공공생활의 중심지로서 행정업무 종합 서비스센터 기능을 가진 시청이었다. 이 언덕은 초창기부터 고대 로마인들의 정신적 구심점 역할을 수행해왔다. 이탈리아 최대의 서정시인 페트라르카가 계관시인으로 위촉되었을 때 이 언덕에서 월계관을 수여받았으며 14세기에 로마 공화정의 회복을 위해 국민들을 선동하던 콜라 디 리엔초가 민중운동의 실패로 인해 화형을 당한 곳도 이곳이다.

우선 언덕 위에 올라서면 말을 이끌고 있는 카스토레와 폴루체를 형상화한 미켈란젤로의 석상들이 우람한 모습으로 계단 양쪽을 지키고 있다. 카스토레와 폴루체는 쌍둥이 형제로서, 로마가 라틴족에 대항해 싸워 이겼을 때 그 소식을 로마에 처음으로 전했던 인물들이다. 이들은 나중에 신격화되었다. 왼편에는 19세기에 만들어진 자그마한 조각상이 하나 있는데 그 주인공은 콜라 디 리엔초이다.

카피톨리노 언덕에는 원래 두 개의 봉우리가 있었는데, 그 중 더 높은 봉우리에 로마인들의 요새가 세워졌다. 이 요새는 나중에 화폐를 주관하는 유노 신전이 되었다. 또 다른 봉우리에는 제우스 신전이 기원전 510년에 세워졌다. 고대 로마인들의 삶에 중요한 의미를 가지고 있던 이 신전 부근에 작은 신전들이 스물다섯 개나 있었다 한다. 이 두개의 봉우리 사이에 성역처럼 자리잡고 있는 것이 미켈란젤로가 설계한 캄피돌리오 광장이다. 대리석으로 아름답게 포장된 캄피돌리오 광장은 그 자체가 예술품으로 평가된다.

이곳에는 나의 관심을 특별히 끄는 조각상이 하나 있었다. 원래는 황금빛으로 도색되어 있었으나 비바람에 깎여 희끗희끗한 빛깔만 남아 있던 청동 조각상이다. 그 주인공은 로마시대의 어진 황제 마르쿠스 아우렐리우스이다. 원래는 라테라노에 있었는데 미켈란젤로가 이 광장을 건축하면서 옮겨왔다. 이 조각상은 전설적인 이야기를 간직하고 있다.

그리스도교가 뿌리를 내리기 이전에 제신들을 섬기던 로마인들이었기에 그런지 몰라도, 그 후예들은 아직 가지가지 미신들을 업신여기지는 못하고 있다. 심지어는 그리스도교에 얽힌 미신들도 허다하니 어떤 의미에서 본다면, 그들의 미신은 전통적인 민속의 영향이 아닌가 싶다. 아우렐리우스 조각이 갖

옛 시청 캄피돌리오.

는 미신도 그 근원이 어디에서 유래되었는지 모르겠으나, 아무튼 로마인들의 의식에 조금은 연관되어 있다고 볼 수 있다. 그렇다면 그것이 무엇일까? 이 조각품을 잘 보면, 검은 바탕에 하얀 빛이 드러나 보인다. 희뜩거리는 그 빛이 인류의 운명과 종말을 알려준다고 한다. 이 하얀 빛이 아주 없어지면 인류는 멸망한다는 미신이다. 그러한 미신을 일단 인정하기로 해보자. 그리고 그리스도교의 종말론을 아울러 생각해보자. 그 조각의 하얀 빛도 거의 다 지워져가고 있으며, 그리스도교인들이 말하는 최후의 심판일도 그다지 머지않은 것 같다. 그렇다면 이 양자 사이엔 어떠한 일치점이 있다는 말인가?[7)]

몇 년 전에 광장을 찾아갔더니 동상은 없었다. 흰 빛깔이 없어져가는 게 두려운 탓이었든지 아니면 치명적인 보수가 필요했든지 실내로 옮겨졌다는 소식이었다. 진짜는 박물관으로 옮겨지고 대신 복제품이 자리잡고 있는 것이다. 역사적 유물이란 제자리에 있을 때 그 가치가 배가된다. 복제품으로 대신하는 게 만능은 아니다.

정면에 있는 고색창연한 르네상스풍의 건물은 교황들의 지배에 대항해서 1143년에 일어났던 폭동 이후에 선출되었던 원로원들이 업무를 보던 원로원 청사, 즉 시청사이다. 예술적 가치도 크고 지붕 위로 솟아 있는 시계탑 또한 환상적이다. 오늘날은 시장의 사무실들이 들어서 있는 이 시청사 뒤쪽으로 포로 로마노, 개선문, 콜로세움, 팔라티노 언덕이 로마의 역사를 웅변해주고 있다. 시청사를 바라보며 왼편으로는 고대 로마와, 교회의 문화재를 보관하고 있는 콘세르바토리 궁전이 있다. 오른편으로는 최근에 보수작업을 끝낸 카피톨리노 박물관 궁전이 있다.

콘세르바토리에는 로마시대의 고귀한 예술작품들이 전시되어 있다. 그 중에서 우리의 관심을 송두리째 앗아가는 작품으로 「가시 뽑는 소년」과 「브루투스의 상」으로 유명해진 기원전 3세기의 남성 흉상 그리고 수많은 조각과 그림들과 청동으로 된 「암늑대 상」, 기원전 1세기 때의 작품으로 알려진 「에스퀼리노의 비너스」 석상이 있다. 카피톨리노 박물관에는 「죽어가는 갈리아족 노예」의 청동상과 기원전 1세기 때의 작품으로 추정되는 「여인상」이 전시되어 있다. 그 외에도 로마시대의 황제들과 왕비들, 그리스 철인들의 흉상 등이 있다. 이러한 조각상들의 사실적인 묘사는 로마시대의 미술기법을 가장 극명하게 나타내 보이고 있다. 그런데 안타까운 것은 여기 전시되어 있는 조각품들 가운데 불완전하게 보이는 것들이 많다는 점이다. 심지어는 몸통과 머

「가시 뽑는 소년」.

리가 또 때로는 팔다리가 어긋난 조화를 이루고 있는 것처럼 보인다. 예술품 보전과 복원에 관한 한 둘째가라면 서러워한다는 이탈리아인들의 수치인가 아니면 나의 어설픈 관점인가. 참으로 알쏭달쏭한 일이다.

코르도나타 돌계단을 다시금 내려와 왼편으로 내려가면 고대 원형극장 마르첼로 극장이 나타난다. 이 극장은 카이사르 때 착공하여 아우구스투스 황제 때 완공되었는데 관객 10,000명을 수용했다 한다. 작은 콜로세움 같은 기분을 주는 이 원형극장 역시 야만족들의 침입으로 인해 파괴되었는데 16세기에 오르시니 가문은 그 폐허 위에 건물을 세웠다. 바로 그 부근에는 2세기 때 세워진 아폴로 신전의 원기둥 세 개가 눈에 들어온다. 또 조금만 더 나아가면 자그마한 신전이 둘 있는데, 이 신전들은 2천 년의 역사에도 불구하고 그 보전상태가 훌륭하다. 하나는 이오니아풍의 장방형 형태로 된 공화정 시대의 건축물로서, 포르투나 비릴레(Fortuna Virile)라고 더 잘 알려진 행운의 신전 포르투누스 신전(Tempio di Portunus)이다. 다른 하나는 옛날 불씨를 보관하던 원형의 베스타 신전이다. 순결한 여인으로 하여금 불씨를 보전하려는 노력을 기울였으나 때로는 여인의 부정한 행실로 인해 불행한 일이 벌어지기도 했다 한다. 바로 그 앞에 중세 로마의 가장 아름다운 종탑을 자랑하는 코스메딘의 성 마리아 성당이 있는데, 이 성당은 8세기에 건축된 로마네스크 양식이다. 마르첼로 극장부터 베스타 신전에 이르는 지역은 옛날부터 유대인들의 지역으로 알려져왔다.

반종교개혁파 교황이었던 바올로 4세가 정권을 잡은(1555~1559) 이래 이 지역은 고립되기 시작하였다. 노란 모자와 노란 스카프로 식별이 강요되기도 했던 유대인들은 참으로 비참한 생활을 영위하였다. 그러면서 그들은 도메니쿠스 수도원 수사들로부터 정신교육을 받는 등 제한적인 환경에서 살아야 했다. 이러한 차별은 무솔리니시대에까지 이어져 무려 2천 명도 넘는 유대인들이 이곳에서 포로수용소로 끌려갔다고 한다. 중세기에 있던 고대 유대교의 교회당 유적지 위에 1904년, 아시리아와 바빌로니아 양식으로 세워진 시나고가(Sinagoga)에선 오늘도 그들의 망령을 위해 기원이 계속되고 있다.

마르첼로 극장에서 조금 남쪽으로 내려가면 복카 델라 베리타 광장이 있다. 바로크식 분수와 함께 있는 코스메딘의 성 마리아 성당은 허름한 모습이지만 분위기는 매우 고전적이다. 이 성당에 이렇다 할 유물이 있는 것은 아니다. 그럼에도 불구하고 이 성당이 유명한 것은 본당으로 들어가는 전면 벽에 붙어 있는 대리석 조각상 때문이다. 사람의 얼굴 모양을 하고 있는 이 석상은 진실의 입이다. 진실을 말하는지 거짓을 말하는지 커다란 입에 손을 넣어보면 알 수 있다는 것이다. 만일 거짓을 말하면 들어간 손을 마귀가 물어뜯는다는 무시무시한 전설을 가지고 있는 석상이다. 영화 「로마의 휴일」에서 보지 않았던가. 오드리에게 그레고리가 속임수를 쓰던 장난기 섞인 모습이 떠오를 것이다. 나도 이따금씩 그 일대를 지나다가 장난삼아 그 커다란 입에 손을 넣고 "내가 진실되게 살고 있는가?" 하고 나의 생활태도를 점검하기도 하였다.

치르코 맛시모(Circo Massimo)와 카라칼라 욕장(Terme di Caracalla)

치르코는 고색창연한 주변 모습에 어울리기라도 하듯 허허로운 분위기가 감도는 평범한 운동장이다. 문화재 같은 시설이 있는 것도 아니다. 옛 공간을 그대로 보전하고 있을 뿐이다. 뒤편 팔라티노 언덕 발치의 궁전 건물 잔해들이 무언가를 이야기해주는 것만 같다. 르네상스시대의 로렌초 대제의 시가 떠오른다.

> 아, 청춘은 얼마나 아름다운가.
> 그러나 사뭇 달아나기만 하는구나.
> 즐거워지고 싶은 자 그 누구나
> 그렇게 되려무나.
> 내일에 대한 확신성이 없으니.

한때는 25만 명을 수용했다는 전차경기장이건만 지금의 모습은 처량하기 그지없다. 관객들이 앉아 관람하던 스탠드, 본부석 겸 귀빈석 등은 흔적도 없이 사라져버렸다. 영화 「벤허」의 전차경기 장면이 생각나는가? 벤허 역의 찰톤 헤스턴이 벌이는 묘기도 묘기려니와 활기 넘치는 삶의 현장은 얼마나 멋진가. 경기장 주변에는 상점들, 욕장, 환락의 거리가 즐비하였다 한다. 그러나 이러한 경기장은 시민을 바보로 만드는 우민 정책에 바탕을 두고 있는 것이었다. 전차경기는 시민으로 하여금 체력을 단련토록 하기 위한 운동이 아니라 철저한 프로 정신에 입각한, 죽이기 아니면 죽는 검투사적 전쟁 스포츠였다. 아무리 스포츠라 하지만 사람의 생명을 걸고 하다니 그 잔인함이 참으로 부끄러운 일이 아닐 수 없다. 더군다나 초기 그리스도교인을 박해하고 처형했던 곳이 아니던가.

무더위가 본격적으로 시작되는 여름밤이면 시원한 산들바람 속에서 모두가 아름다운 분위기에 도취된다. 레푸블리카 광장이나 나보나 광장, 스페인 광장 같은 곳에 가면 더욱 실감이 날 것이다. 관광객을 위한 흘러간 옛 칸초네 가락에 맞춰 춤을 춘다. 상대가 누구라도 상관없다. 처음 만나는 사람도 십년지기처럼 친숙하니까. 너와 나 모두가 풋내기 예술가가 되어 정열을 쏟아낸다. 공연의 주체가 되는 것이다.

그러나 일단은 관객의 입장에 서야 하는 이벤트가 있다. 카라칼라 욕장에서 여름철에 공연되는 음악행사에 대해 들어본 일이 있는가? 특히 「아이다」 같은 대형 오페라일 경우는 역사적 유물을 무대 배경으로 하기 때문에 우리로 하여금 환상 그 자체에 취하게 한다. 카라칼라는 폐허로 남아 있는 욕장이지만 옛날의 화려함을 마음껏 뽐내고 있다. 그러나 규모로 봐서는 카라칼라가 디오클레치아누스를 당하지 못한다. 기원후 206년 카라칼라 황제 치하에 있을 때 건축한 이 욕장은 풍부한 데커레이션으로 유명했으나 파괴되었다. 그 뒤로 예술작품들이 다소 복구되기도 하였다지만 만족할 만한 수준은 아니었다. 그 중 가치가 많은 것들은 로마와 나폴리의 박물관에 보관되어 있다. 고대 로마시대에 열한 개의 욕장을 갖고 있던 카라칼라는 운동과 레저 시설도 많이 갖추고 있어 단순히 목욕이 아니라 여러 가지 사회활동을 하면서 인간관계를 돈독히 하던 곳이었다. 열탕, 냉탕, 증기탕, 온탕 등 목욕시설과 편안한 휴식 공간, 사교모임을 위한 공간 등이 훌륭했다는 의미이다.

로마의 역사를 웅변하는 유적들

팔라티노 언덕(Colle Palatino)

팔라티노 언덕은 로마가 시작된 요람이다. 물론 모든 것이 전설 속에 묻힌 채 전해오고 있으니만치 어디까지 신빙성이 있는지는 모르는 일이다. 하지만 그 전설 중 하나에 의하면 알바롱가에서 유래한 목동들과 로물루스가 함께 이 팔라티노 언덕 위에 '정방향의 로마'를 세운 다음, 사비나의 여인들을 강탈하고 강력한 힘을 가진 농부들과 연합하여 영토를 확장해갔다. 하지만 로마라는 이름만은 한사코 고수하였다.

그로부터 상당한 시간이 지난 뒤 이 언덕은 부유한 귀족들의 주거지로 이용되었다. 언덕 일대의 경관이 수려하고 주변

환경도 훌륭하여 귀족들이 저택을 짓기 시작한 것이다. 기원전 63년 바로 이곳에서 옥타비아노가 태어났다. 그는 카이사르의 양자가 되어 훗날 아우구스투스라는 이름으로 로마의 초대 황제가 되었다. 그는 단순한 삶을 즐겼으며, 자신이 태어난 이 언덕에 대해 애착심이 강했다. 그리하여 이곳에 제국의 궁(Palazzo Imperiale)과 기원전 26년에 성역화된 아우구스투스 궁(Domus Augustana)을 건축하였다. 그 궁의 중앙 대문은 온통 대리석으로 치장되었으며, 사방에는 조각상들을 세워놓아 출입하는 사람들은 그 장엄한 미적 분위기에 압도되었다. 그 안에는 거대한 회랑이 성역 가까이 있었고, 서고, 풍부한 상아색 반암들 그리고 그리스 양식으로 조각된 작품들이 있다. 또한 그 궁전 뒤에는 반원 형태의 주랑현관이 하나 있었는데, 황제는 그 안에서 대원형극장의 공연을 관람하였다. 또 아우구스투스의 명에 의해 기둥 300개와 신전 두 개로 이루어진 옥타비아의 회랑(Il Portico di Ottavia)이 건설되었는데, 이곳은 그 명칭대로 그의 누이 옥타비아를 기리기 위한 것이었다. 그 후 이 화랑은 화재로 인해 손실되었으나, 203년에 세베리우스 황제와 카라칼라 황제 치하에서 재건되었다.

왕가의 광기는 대를 이어 악화되었고, 티베리우스 황제는 팔라티노 언덕 북쪽 부근에 티베리아나(Domus Tiberiana)라는 훨씬 더 거대한 궁전을 짓기에 이른다. 그리고 그의 뒤를 이어 더욱 규모가 커진 칼리골라 궁(Palazzo di Caligola)이 비아 사크라 부근 언덕 끝까지 증축되었다. 현재 이 장소에는 삼나무와 참나무가 자라고 있다.

팔라티노 언덕 인근 지역에 네로 황제만큼 자취를 남긴 인물은 없다. 그는 첼리오 언덕과 에스퀼리노 언덕을 나누는 평원에 아우레아 궁전(Domus Aurea)을 건설하도록 명령했고, 정원과 숲과 수영장 그리고 (근처 상수원에서 끌어온 물로) 넓은 인공 연못을 만들었다. 네로의 그러한 호사는 전무후무한 것이었다. 베스파시아누스 황제는 상수도를 건설하였는데, 그는 아우구스투스 황제를 모방하여 경제정책을 철저하게 펼쳤다. 티투스 황제 역시 그러했다. 이 두 황제는 공공용 건물과 목욕시설, 공회당과 원형극장 등을 건설하였다.

아우구스투스 황제는 많은 건물들을 세웠는데, 그 가운데 최초로 세운 것은 라틴과 그리스의 고전작품을 많이 소장한 도서관이었다. 그 도서관의 열람실은 매우 넓고, 중앙에 위치해 있었는데, 가까이서 황제의 커다란 조각상이 지켜보고 있었다 한다. 아우구스투스 황제는 시인들과 예술가들을 초청해 놓고 예술행사를 열도록 하였다. 도서관 다음으로 지은 아폴로 신전은 카라라에서 가져온 흰 대리석을 사용하였고, 입구의 문틀은 상아로 꾸몄다. 그리고 황제의 궁전 앞에 베스타 신전을 지었다. 그 많은 건축물 중에서 오늘날까지 그 형태를 비교적 양호하게 유지하고 있는 것은 황제가 인생의 말년을 함께 보냈던 아내 리비아의 집이다.

오후에 이 팔라티노 언덕의 정원을 산책하는 즐거움은 이루 말할 수 없을 지경이다. 저 멀리 떨어진 주변의 큰길로 차들이 요란하게 질주하면서 뿜어대는 매연이며 소음은 이 정원에는 별로 영향력을 행사하지 못한다. 설령 그렇다 해도 이 정원의 역사적 분위기에 취하다보면 속세의 잡다한 것쯤은 모든 잊어버릴 것 같은 기분이다. 다눈치오의 「소나무 숲 속의 비」라는 시에서 시인이 에르미오네라는 여인과 속삭이듯 말하는 구절이 떠오른다.

쉿, 조용히. 숲의
초입새에선 듣지 못하네.
그대 말하는 인간의
음성을. 그러나
들리는 건
저 멀리
빗방울과 나뭇잎들이
내보내는 더없이
새로운 언어들.
들어봐요. 흩어진
저 구름들에서 비가 와요.

팔라티노 언덕에서 가장 중요한 지역으로 평가되는 곳은 도미치아누스 황제에 의해 건축된 플라비 궁전(Palazzo dei Flavi)이다. 특히 홀들은 특별한 파티나 경건한 행사 때에 사용되었다. 궁정에서 제일 중요한 곳은 공회당으로, 여기서는 황제가 참여한 가운데 재판이 이루어졌다. 공회당 다음으로 주요한 역할을 했던 공간은 공식 연회당이었다. 거기서 회랑을 따라가면 욕실과 식당이 있었다. 또한 여름철에 사용되던 식당 닌페오는 타원형의 분수가에 자리잡고 있었으니, 그 호사스러움이 극에 달할 지경이었다. 그리하여 교황 식스투스 5세가 이 궁전을 허물 것을 명하게 되었으며, 오늘날엔 테라스의 잔해만 남아 있을 뿐이다. 이 테라스에서 바라보이는 전경은 환상적이다.

승리자 제우스 신전(Tempio di Giove Vincitore)은 센티움 전투 이후 파비오 마시모가 세운 것이다. 스타디움은 세베리우스 황제와 아우구스투스 황제가 건설한 것으로, 그동안 몇 차례 전면 개방된 바 있다. 이 독립건물 스타디움은 각종 체육행사와 병사들이 훈련하기 위한 공간이었다. 그 외에 왕족의 노예 젊은이들을 위한 학교 페다고지움(Pedagogium) 등이 있다.

팔라티노 언덕에 있는 제국의 건축물들은 포로(Foro)와 함께 야만족들이 로마를 침략할 때 여지없이 파괴되어버렸다. 그러다가 중세기에 이르러 명문대가의 요새와 정원들이 세워졌다. 파르네세 가문과 바르베리니 가문도 거기에 공원과 포도원, 또 각양각색의 관상수를 키우는 파르네시안 농원(Orti Farnesiani)을 조성하였다.

포로 로마노(Foro romano)

포로 로마노는 고대 로마인들이 시민생활의 중심지로 생각하던 신전과 공회당 등 공공 기구와 함께 일상에 필요한 시설이 있는 곳이다. 팔라티노 언덕 주변에는 한때 원주민들이 수장 묘지로 사용하던 늪이 있었다. 기원전 6세기에 에트루리아의 왕 타르퀴노

포로 로마노.

프리스코가 하수처리장을 시설하고 이 늪을 메워버리자 공회장터 역시 매몰되었는데, 19세기에 이르러서야 발굴되기 시작했다. 그 이전에는 가축 방목지로 사용되었기에 '우시장'으로 알려져 있었다. 발굴작업이 괄목할 정도로 진행된 다음 이 공회장은 엄청난 신전과 공공건물, 그리고 아치형 건물과 상점이 나란히 이어진 모습을 드러내고 있었다. 건물들을 치장하고 있는 조각상들도 무수히 널려 있으나 안타까운 것은 이 석상들 중 온전한 게 하나도 없다는 점이다. 하지만 그것들이 놓여 있는 곳곳에 새겨진 역사의 의미는 대단하다. 또한 전체적으로는 인상적인 모습을 하고 있는 이곳의 건물들은 모두 동시대에 함께 존재하지 않았기 때문에 하나하나 상세하게 파악하는 것은 힘든 작업이 될 수 있다.[8] 그러나 그 중 몇 개는 소개해둘 필요가 있다.

포로 로마노는 캄피돌리오의 원로원 청사 뒷면의 벼랑에서 바라보면 더 멋진 풍경으로 나타난다. 그 벼랑은 타르페아(Tarpea)라는 어느 소녀의 이름에서 가져온 것이다. 타르페아는 조국을 배반하고 사비니에게 성채를 넘겨주었는데, 훗날 그에 대한 죗값으로 벼랑에 던져져 죽임을 당하는 형벌을 받게 되었다. 그 뒤로 타르페아 벼랑은 배반자들의 처형장소로 이용되었다고 한다.

또 포로에는 중요한 신전 터 세 개가 있다. 첫째로 368년에 보수작업이 끝난 열두 신들을 모시던 포르티쿠스 데오룸 콘센시움은 이교 문화의 마지막 반작용을 증명해주고 있다. 둘째로는 베스파시아노 신전으로 티투스 황제 때 착공하여 도미치아누스 황제 때인 89년에 완공된 코린토 양식의 원주이다. 셋째로는 기원전 367년에 건설되었던 화해의 신전이 있던 바닥이 남아 있다. 이 신전은 평민도 호민관이 될 수 있도록 한 피치니오 세스토 스톨로네 법안이 도입된 것을 기념해 세워졌으며, 이 법안의 도입으로 로마의 정치가 원로원과 민중이 참여하는 체제(S.P.Q.R)로 바뀌었다. 민중의 정치적 승리라는 쾌거가 이루어진 것이다.

벼랑에서 내려다보면 원주 여덟 개가 높이 솟아 있는 것을 볼 수 있는데, 이는 나라의 보물을 보관하던 사투르누스 신전의 잔해이다. 기원전 497년에 세워졌는데, 도리아풍의 원주는 4세기 때의 것이라 한다. 사투르누스 신전 처마 밑으로 화산의 재단인 풀카날레라는 제철용 도가니가 있었는데, 사비나의 약탈 이후 사비나의 왕 티투스 타치오와 맺은 동맹을 기념하여 로물루스에게 헌정되었다는 전설이 있다. 그리고 공회당과 세베리우스의 개선문 사이의 공터엔 정치집회를 하던 코미시움이 있었다. 여기엔 아직도 시민들에게 열변을 토하던 정치인들의 연단이 있다. 'Lapis Niger'라는 이 연단은 로물루스의 묘지 덮개였다 한다. 세베리우스의 개선문은 그의 아들들 제타와 카라칼라에 의해 203년에 헌정되었다. 두 형제는 우의가 두터웠으나 나중에는 권력다툼을 벌였다. 결국 카라칼라가 승리하여 헌정판에서 제타의 아름을 지워버렸으니, 권력이란 그 누구와도 나눌 수 없는 속성을 가졌나보다.

또 하나의 중요한 기념물로는 'Basilica Giulia'라는 공회당을 들 수 있다. 건축학적 특성이 풍부한 이 공회당은 로마인들의 삶에 아주 큰 의미를 차지하고 있다. 여기서는 중요한 회의가 열리고, 국가의 공공업무나 법률업무가 수행되었다. 이 공회당은 카이사르가 옛 셈푸로니아 공회당 터 위에 지었기에 그의 이름 'Julius(이탈리아어로는 Giulio)'를 따서 'Basilica Giulia'라고 부른다.

남아 있는 원주는 'Foro'에 부속된 건물로는 마지막 것으로 기원후 608년에 완공되어 비잔티움의 포카 황제에게 헌정되었다. 그리고 레질로 호수에서 타르퀴니 왕국에 대한 승전소식을 맨 처음 전해주었다는 전설적인 인물들로서 트로이 헬레나의 형제들인 카스토레와 폴루체를 모시는 신전이 여기에 있었다. 또 그 옆에는 베스타 신전이 있었다. 이 신전에 모셔져

타오르는 불꽃은 나라와 가정에 필요한 불의 영원성을 상징하였다. 191년에 마지막으로 재건축된 이 신전의 폐허 뒤에는 신전을 지키던 처녀들의 숙소가 있었다. 처녀들은 신성한 불을 숭고하게 보전할 의무가 있었다. 막중한 임무였다. 따라서 그들은 그에 따른 권위와 특권을 누릴 수 있었다. 하지만 30년 동안 정숙을 지키며 업무에 충실하고 나서야 드디어 결혼을 할 수 있었다니, 다 늙어서 어쩌란 말이었을까? 그 여인들은 한번 한 서원을 파기하면 벽 안에 산 채로 감금되었다.

베스타 신전 왼쪽에는 카이사르 제단이 있었는데, 이곳에서 카이사르가 화장되었다. 그 옆에 있는 나지막한 단상에서 카이사르의 죽음을 애도하며 로마인의 단결을 호소하던 마르쿠스 안토니우스의 연설이 들리는 것만 같다. 포로의 저쪽 끝으로는 아우렐리우스 황제의 부모였던 안토니오와 파우스티나의 신전이 고린트 양식의 원주로 서 있다. 기원전 141년에 건축되어 나중에는 미란다의 성 로렌초 성당이라는 이름의 그리스도교 성당으로 되었다. 전면은 1602년에 건축되었다. 그 외 비너스와 로마의 신전이 허물어진 장소에 중세기의 성당 산타 마리아 노벨라가 세워졌다.

포로 로마노를 보고 있노라면 역사란 시간 속에 존재했다가 묻히고 또 다시금 살아난다는 사실을 깨닫게 된다. 겹겹이 쌓인 유물들은 어느 시기의 눈으로 보느냐에 따라 그 역사적 가치가 달라진다. 진실을 밝힌다고 한 층을 걷어내보니 그 밑에 다른 진실이 숨어 있고, 또 한 층을 벗겨보니 또 다른 진실이 있다. 층층마다 갖고 있는 역사적 진실을 맨 위에 있는 층이 사정없이 짓누르고 있는 셈이다. 로마 문화의 면모를 고스란히 간직한 채 일순간 땅 밑으로 가라앉았던 폼페이에서와는 완전히 다른 특성을 이 포로 로마노에서 느낄 수 있는 것도 그 때문일 것이다. 기원전 8세기부터 이어져 내려오는 포로 로마노의 모습을 먼 훗날 우리의 후예들은 또 어떻게 평가할 것인가.

아무튼 포로 로마노는 로마뿐만이 아니라 로마가 접촉했던 모든 나라의 역사와 문화를 바꾸어왔다. 팔라티노, 캄피돌리오, 오늘날 대통령 궁이 있는 퀴리날레 언덕들이 만나는 적당히 침하된 지역에 로마인들이 삶의 광장을 설립함으로써 이 세 언덕에 살고 있던 족속들을 아우를 수 있었다. 일상의 모든 활동을 이곳에 집중하고 또 이곳에서 진행하였으니, 이곳은 곧 문화, 정치 및 공공 시민생활의 중심지였다. 열린 문화의 터전에서 열띤 토론을 전개하고 원칙을 세우며 위대한 결정을 내리는 역사의 초석을 로마인들은 성공적으로 세웠던 것이다. 도량형을 정하고 화폐를 발행하는 일까지 그들은 이곳에서 합의정신에 바탕을 두어 결정해나갔다. 손가락 열 개를 이용해 나타내는 숫자, 거리를 잴 때 보폭과 손바닥 넓이를 이용하는 방법, 재산의 양을 측정할 경우 가축, 특히 양의 머리 숫자가 이용되었다. 라틴어의 'pecunia(돈)'라는 단어가 'pecora(양)'에서 파생된 것을 생각하면 재미있지 않은가?

로마는 세력이 강해지면서 영토를 확장해갔고, 많은 이민족들을 지배하면서 그들에게 큰 변화를 주기도 했지만, 로마 자체도 여러 가지 면에서 변할 수밖에 없었다. 포로(foro) 역시 옛날의 포로가 아니었다. 그 의미가 많이 쇠퇴하여 게으른 자들이 모여 잡담이나 늘어놓으며 시간을 보내는 장소로 변질된 것이다.[9)]

콜로세움 가까이 이르면 오른쪽으로 마센치오 공회당의 원주들이며 건물 잔해들이 위풍을 자랑하고 있다. 그 벽면에는 대리석 판에 새겨진 지도 네 개가 부착되어 있다. 한눈에 로마의 발전사를 볼 수 있는 지도들이다. 역사적 순서상 콜로세움에서 베네치아 광장 방향으로 보면 좋겠다. 이 지도들은 로마가 창건된 기원전 8세기 때의 모습에서부터 세력이 가장 크게 확장되었던 트라야노 황제가 죽은 117년까지의 상황을 알 수 있다. 이 지도들을 바라보면 로마인들이 "로마는 곧 우주다"라고 자만하며 떠들어대던 기분을 이해할 수 있을 정도이다. 그렇다. 베네치아 광장 근처에 드높이 서 있는 트라야노 원주에 새겨진 황제의 전승 기록이 이를 뒷받침해주고 있지 않은가?

로마의 위세를 멋지게 보여주는 또 하나의 기념물로 콘스탄티누스 개선문이 있다. 콜로세움과 포로 로마노 근처에 세워진 이 개선문은 315년에 건축되었다. 마센치오에 대항해 거둔 최후의 승리를 기념하기 위함이었다. 313년 그리스도교를 공인한 다음 얻어진 승리라 그에 대한 해석도 자연스레 아전인수격이다. 아무튼 이 개선문은 이후의 수많은 개선문들의 모형이 되어왔음이 분명하다.

로마는 그 전체가 역사적인 도시지만, 특히 이 지역은 문화재 보호구역이기도 하다. 여기에선 돌멩이 하나도 가볍게 보아서는 안 된다. 이탈리아를 여행한 사람이라면 가는 곳마다 보게 되는 유물에 압도당한다. 그러기에 심지어는 질투심 같은 기분도 느껴진다. 조상을 팔아먹고 산다고 욕하는 것도 어느 면에선 이 질투심의 발로인지도 모른다. 내가 보기엔 이탈리아인들은 조상을 팔아먹는 것이 아니라 조상의 빛난 얼을 영화롭게 하고 있다. 돌멩이 하나라도 역사성이 인정된다면 보석처럼 여기는 그들이다.

네로 황제의 황금성(Domus Aurea)

독재자이자 폭군이었던 네로는 수많은 화제를 뿌렸던 황제였다. 64년 대화재로 인해 자신의 거처였던 도무스 트란시토리아가 손실되자 네로는 옵피오 언덕(Colle Oppio)에 궁전을 더 크고 화려하게 짓기로 하였다. 그래서 훗날 콜로세움이 자리잡은 일대, 즉 에스퀼리니노, 첼리노, 팔라티노 언덕이 마주치는 계곡의 언덕에 이 황금의 궁전을 세운 것이다. '도무스 아우레아'라는 이름은 단지 그것이 화려하게 도금되었다 해서 지어진 이름만은 아니다. 그 이름은 태양의 상징성과 깊은 관련을 맺고 있다. 네로는 곧 태양신의 화신이었고, 네로의 거대한 입상은 태양의 신 헬리오스에게 바쳤던 거대한 로도스 조상의 모사이며, 그리고 천장이 돌아가게 설계된 홀은 태양신이 하늘의 꼭대기에서 우주의 운행을 주재하는 천체의 모형이다."[10] 그러나 지금은 모두가 허물어지고 없다. 다른 유적지들은 조금씩이나마 남아 있거나 아니면 복구를 해 그럴듯한 건물을 지어놓기도 하지만 이곳에는 별로 없다. 오로지 기록물 속에서 그 흔적을 찾아볼 수 있을 뿐이다.

100헥타르의 옵피오 언덕 위 토지에는 웅장한 궁전, 회랑, 전각, 연회장, 욕장 등은 물론 식물원, 동물원이 있어 상상하기만 해도 참으로 멋있었을 것 같다. 'Colosso'라는 거대한 네로의 금박 입힌 동상은 높이가 무려 30m나 되는데, 이 조각상의 이름에서 훗날 세워진 원형극장 콜로세움(Colosseum)의 이름이 유래했다 한다. 여기에는 또 수많은 조각들과 그림들이 있었다. 그 중 가장 대표적인 것은 1506년에 이 궁전의 영빈관에서 발견되었던 라오콘이다. 이 모든 것들은 다른 곳으로 옮겨지기도 하고 소멸되기도 하여 관심권에서 멀어졌으나 르네상스시대에 재발견되었다. 그래서 많은 예술가들이 이곳을 찾아 미적 감흥을 새롭게 하면서 벽면에 자신들의 흔적을 남기기도 하였다.

네로는 많은 일화를 남긴 폭군이었다. 시를 잘 쓰고, 예술적 소양이 있었지만 독재자적 기질은 대단했던 인물인 것 같다. 네로는 자신을 위대한 배우라고 생각하기도 하였다. 네로는 이 궁전을 아직 완성하기도 전에 성 안으로 입주하여 그 유명한 축제를 벌이기 일쑤였다. 네로는 이러한 축제 등의 공개석상에서 자신의 예술가적 기질을 마음껏 발휘하고 싶어했다. 타고난 예술가였던 페트로니우스의 조언을 들으며 때로는 천재적이고 또 때로는 저질적인 연예행사를 벌이며 마음껏 방탕해지기 시작하였다.

그는 무대 위에서 갈채를 받고 싶어하는 기질이 강했다. 68년에는 그리스에 간 일이 있는데, 바로 그 기간 중에 스페인의 여러 지방에서 반란을 일으켜 갈바를 새 황제로 옹립하면서 로마로의 진군을 단행하였다. 그 후 네로는 로마로 돌아왔으나 자신이 모두에게서 버림받은 사실을 알게 되었다. 그는 마침내 자신의 노예로 하여금 자신을 죽이도록 하였다. 청동상의 머리가 잘려나가고 그 자리에 아폴로의 머리가 얹혀졌다.

콜로세움(Colosseum)

도무스 아우레아에는 온갖 진기한 것들이 많았다. 언덕 세 개가 만나는 계곡에는 인공호수가 자리잡고 있었는데, 바로 이 자리에 세워진 것이 콜로세움이다. 베스파시아누스 황제에 의해 72년에 착공되어 8년 동안의 기적적인 역사를 거쳐 티투스 황제 때인 80년에 준공된 콜로세움은 로마시대에 건립된 최대의 건축물이었다.

티투스는 등극하기 전인 70년에 예루살렘과의 전쟁에서 대승을 거두고 10만 명의 포로를 데리고 귀환하였다. 그 중 4만 명을 동원하여 콜로세움을 건축했다는 전설이 있다. 콜로세움

콜로세움.

은 검투사들끼리의 싸움이나 맹수들과의 싸움을 시민들에게 구경시킴으로써 한편으로는 일체감과 애국심을 불러일으키기도 하고, 다른 한편으로는 공포심을 심어주기 위한 정치적인 목적으로 건립되었다. 이 거대한 원형극장은 4층으로 되어 있었다. 1층은 높이 10.5m의 도리아식 반원주, 2층은 높이 11.85m의 이오니아식 기둥, 3층은 11.6m의 코린트식 기둥으로 되어 있고, 4층은 관중들이 작열하는 태양을 피할 수 있게 벨라리움이라는 천막을 고정시키기 위한 장대장치를 지탱하는 벽으로 되어 있다. 이외에도 계단과 독립 공간, 즉 갈레리아가 있었다. 이 갈레리아는 이집트산 콩, 음료수 등을 파는 사람들의 휴식공간으로 많은 사람들이 여기서 조우했다. 그러나 이 건물의 설계자가 누구인지는 알려지지 않고 있다. 도미치아누스의 건축가 라비리오라고 하기도 하고, 가운덴치오라는 사람이라고도 하는데, 단지 추측일 뿐이다. 아무튼 티투스 황제는 이 장엄한 건축물을 통해 제국의 위용을 마음껏 자랑하고 싶어했던 것 같다. 콜로세움의 거대함은 높이 48m, 둘레 500m 등 경기장 내부의 길이 87m와 폭 55m라는 수치만으로도 설명이 충분하다.

내가 콜로세움을 제일 먼저 찾은 것은 1969년 9월의 일이었다. 로마에 도착한 지 이틀째 되는 날이었는데, 콜로세움에 들어선 순간 아찔한 기분이었다. 같이 있던 친구는 "역사가 무언지 조금은 알 것 같구나"하고 중얼대듯 말했다. 그동안 수많은 영화를 통해 얻었던 선입관 때문이기도 했겠지만 맹수와 사투를 벌이는 노예 검투사의 거친 숨소리며, 맹수에게 물려 죽어가는 자의 비명소리 혹은 탄식소리 등의 모든 소리들이 관객석에서 울리는 함성소리와 섞여 검투사와 짐승의 옆구리에서 뿜어 나오는 핏줄기처럼 서늘한 전율에 사로잡히게 하는 것만 같았다.

검투사들은 목숨을 걸고 싸운다. 그러나 사실은 자유를 걸고 싸우는 것이다. 로마에 잡혀온 포로들은 시장에서 노예로 팔려나간다. 팔리지 못한 노예들은 이 원형경기장에서 검투사가 되어 싸우고 또 싸운다. 맹수와도 싸운다. 정해진 수만큼 승리를 거두면 자유인이 되는 것이었다. 그러기에 그들은 자유를 위해 싸웠다. 경기장 바닥은 모래로 덮이고, 곳곳에는 사냥장의 분위기를 살려 숲이며 나무 그리고 구릉을 설치하였다. 바닥 밑에는 노예들과 맹수들을 수용하던 각종 우리 시설이 갖추어져 있었다. 처음에는 바다에서의 싸움 장면도 연출

하였다고 한다. 그러나 바닥 전체에 물을 가두는 일이 용이하지 않아 별도의 공간을 따로 마련하였다. 콜로세움은 608년까지는 경기장으로 사용되었지만 중세기에는 군사적 요새로 이용되다가 그 이후에는 교회나 빌딩의 건축에 사용될 자제의 제공 터가 되었다. 오늘날 박물관으로 사용되고 있는 바르베리니 궁전도 여기서 뜯어온 돌로 지었다는 기록이 있다. 이를 빗대어 후세 사람들이 남긴 말이 너무나 유명해 여기에 옮긴다.[11]

> 야만인들이 하지 않았던 것을 바르베리니 가문이 하였다.
> (Quod non fecerunt Barbari fecere Barberini.)

526년 토틸라 야만족들이 쳐들어와 콜로세움을 훼손시킨 일이 있었다. 표면적으로 보이는 1차적인 목적은 그들의 조상들이 당한 한을 풀기 위한 것이었지만, 또 다른 목적은 돌과 돌을 이어주던 구리를 약탈하기 위해서였다. 그렇다고 건물 전체가 무참히 파괴되는 정도는 아니었다. 후에 로마의 귀족 명문 세도가들에 의해 훼손된 것에 비하면 아무것도 아니라는 의미에서 남겨진 것이기에 인용하였다.

콜로세움이 간직하고 있는 또 하나의 슬픈 역사는 그리스도교인들의 박해사건과 연관되어 있다. 로마 곳곳에 있는 원형경기장들에서 자행되었던 그리스도 교도에 대한 박해는 콜로세움에서도 계속되었는데, 이는 콘스탄티누스 황제가 313년 그리스도교를 공인하고 난 다음에야 중단되었다.

성스러운 도시

쿼바디스(Quo Vadis?)

로마문화와 그리스도교의 관계는 너무나 밀접하다. 그리스도교가 전파되면서 로마는 새로운 전환기를 맞이하였기 때문이다. 그리스도교가 황제 숭배사상과 살인을 거부하면서 로마에서는 교인들에 대한 피의 탄압이 자행되었다. 그러나 다른 한편에서는 그리스도교를 새로운 제국의 통치이념으로 간주하여 제국의 재건에 필요한 핵심적인 사상으로 흡수하려는 노력도 없지는 않았다. 그리고 이러한 경향은 중세의 이념 형성에 직접적인 영향을 주었다. 이 또한 로마의 역사였다.

로마의 역사는 교회와의 관계사 속에서 존재가치가 인정된다. 공화정 말기부터 시작하여 제국시대를 거쳐 오늘에 이르도록 로마는 그리스도교의 한복판에 우뚝 자리하고 있다. 물론 그리스도교가 편안한 상태에서 로마에 뿌리를 내린 것은 아니다. 오히려 로마의 테베레 강물보다도 많은 양의 피를 필요로 했던 것이다. 핍박의 역사는 어디에서 연유하는가? 물론 수많은 원형극장들을 떠올릴 수 있을 것이다. 하지만 나는 여기서 초창기 신자들이 몰래몰래 숨어서 믿음과 목숨을 지키던 카타콤베를 생각하지 않을 수 없다.

아우렐리아 성벽에서 가장 잘 보전된 것으로 알려진 성 세바스티아누스 성문을 지나 조금만 더 내려가면 아주 친숙한 느낌을 주는 자그마한 건물과 만날 것이다. 이는 다름 아닌 쿼바디스 성당이다. 영화를 통해 그 일대의 분위기를 익히 알고 있는 나그네들은 숙연한 마음으로 이 성당을 바라볼 것이다. 예수님의 수제자 베드로가 네로의 박해가 두려워 로마로부터 달아나는데, 바로 이 지점에 이르렀을 때 예수님이 나타났다가 사라지는 것이었다. 베드로는 깜짝 놀라 "주여, 어디로 가시나이까?" 하고 물었다. 물론 예수님은 당신의 제자들이 박해당하고 있는 로마로 돌아가 다시금 십자가에 못 박힐 의향이었다. 베드로는 깊이 뉘우치고 로마로 돌아와 거꾸로 십자가에 못 박혀 순교하였다. 이를 기리기 위해 그 자리에 세워졌으나 후에 훼손되었던 이 쿼바디스 성당(Domine, Quo Vadis?)은 17세기에 이르러 바르베리니 가문에 의해 재건축되어 오늘에 이르고 있다.

카타콤베(Catacombe)

쿼바디스 성당을 지나 조금만 더 남쪽으로 내려가면 초기 그리스도교인들이 신앙을 지키기 위하여 숨어 지내던 지하 묘지 카타콤베와 만난다. 카타콤베가 그리스도교인들의 피신처이자 교회이고 무덤이었으며 또 그로 인해 수세기 동안 순례의 대상이 된 성지로 숭앙받았지만, 그렇다고 이것이 그들만의 것은 아니었다. 유대인들이며 이교도들도 카타콤베 형태의 묘지를 가지고 있었다. 다만 로마 주변에 있는 60여 곳의 카타콤베 가운데 대부분은 그리스도와 깊은 관계를 지니고 있다.

참배객을 가장 많이 부르고 있는 것으로는 아피아 가도에 있는 성 칼리스토 카타콤베와 성 세바스티아누스 카타콤베, 셋테 키에세 거리에 있는 도미틸라 카타콤베가 아닐까 한다. '카타콤베'라는 용어는 원래 성 세바스티아누스 카타콤베에만 적용되었다. 다른 카타콤베는 안식처를 뜻하는 치미테로(cimitero)라 하였다. 그리스도교인들은 예수님처럼 땅

아피아 가도.

밑 바위 속 굴에 아마천 담요로 싸여 묻히고 싶은 나머지 그러한 방식의 매장을 선호했다. 더구나 초기의 그리스도 교인들은 대부분 가난한 사람들이거나, 노예 계층에 속한 사람들이었기 때문에 좋은 묘지를 마련할 수 없었다.[12] 당시 로마에서는 성 안에 묘지를 둘 수 없도록 되어 있었다. 그래서 할 수 없이 자연적인 동굴을 이용하여 묘지를 만들었으나 그것마저 여의치 않게 되자 이제는 땅속으로 파고들어갈 수밖에 없었다.

콘스탄티누스 대제가 밀라노 칙령으로 313년 그리스도교를 공인한 다음 그리스도교인들은 이제 땅 밑에서 밝은 햇볕 속으로 나왔다. 지하에 있던 공동묘지는 모두 교회의 재산으로 귀속되어 바티칸 관할에 속하는 여러 수도회로부터 보호를 받고 있다. 하지만 교회가 공인된 이후에도 카타콤베는 길고 긴 수난과 약탈의 역사를 겪어야 했다. 로마를 약탈했던 이민족의 침입 때 무덤 안에 있는 귀중한 자료와 보석 등이 훼손되고 도난당했던 것이다. 로마인들은 무덤 속에 평소 지니던 귀한 물건을 넣어주는 장례풍습을 소유하고 있었다. "이를 증명이라도 하듯 어느 지하 무덤에 가보더라도 관 뚜껑은 하나도 남아 있지 않고 다 파괴되어 있는 것을 볼 수 있다. 이렇듯 이민족의 침입이 잦아지자 8세기부터는 그때까지 카타콤베에 남아 있던 성인들과 순례자들의 유골을 로마의 성 안쪽으로 이전하기 시작했다. 순교자들의 유골이 성 안의 기념 성당으로 모두 이전되자 순교자들의 발길은 카타콤베에서 점점 멀어졌으며, 이때부터 카타콤베는 역사에서 차츰 잊혀

지기 시작했다."[13]

나는 여러 차례 이 지하 묘지들을 참배한 일이 있다. 그 중에서도 성 칼리스토 카타콤베, 성 세바스티아누스 카타콤베, 도미틸라 카타콤베를 많이 찾아갔다. 우선 묘지의 성당에 모셔진 순교 성인들의 성상을 바라보며 깊은 명상에 잠긴다. 그리고는 정해진 루트를 따라 지하에 내려간다. 도대체 신념이란 무엇이고, 신앙이란 무엇인가? 그토록 허허롭게 남아 있는 유해가 우리에게 말해주고 있는 것은 무엇일까? 그래, 모든 것이 헛된 거야. 하지만 헛된 것을 알기 위해 필요로 하는 게 신념이고 신앙이란 말인가? 꼬리에 꼬리를 물고 이어지는 생각을 하다가 서둘러 결론 아닌 결론을 내리고 계면쩍은 듯 성모송의 후반부를 읊조린다.

천주의 성모 마리아여,
이제와 저희 죽을 때
저희 죄인을 위하여 빌어주소서.

지하 무덤에 잔해로 남아 있는 이 순교자들의 육신이 분명 '안식의 터'에서 편안히 쉬고 있고, 그들의 영혼은 찬란한 축복의 장미꽃 너울 안에서 한없는 행복감에 취해 있으리라. 하지만 그들 또한 영과 육이 갈라질 때 조용한 음성으로 성모송을 되뇌지 않았을까? 폴리도리에 의하면 "지하 묘지들의 총 연장길이는 대략 900km이고, 300년의 세월이 흘러가는 동안 무려 6백만 명이 거기에 묻혔다 한다. 카타콤베는 사실상 공개된 비밀장소나 마찬가지였다. 로마의 법에 의하면 묘지란 성스럽고 침해될 수 없는 곳이었기에 박해를 받던 그리스도교인들이 이 지하의 미궁 속으로 피신해 들어가는 일이 잦았다는 것이다."[14]

성 칼리스토 카타콤베는 3세기 때부터 그리스도교 공식 묘지로 지정되어 많은 교황들이 모셔진 곳이다. 박해가 극심하던 2세기 말에서 3세기 초에 제피리누스는 로마의 명문 체칠리아 집안으로부터 이 지역 땅을 희사받아 당시의 부제(副祭)였던 칼리스토에게 관리를 담당케 하였다. 칼리스토 부제는 20년 동안 이곳에서 임무에 충실하며 지내다가 제피리우스 교황이 서거하자 교황으로 선출되었다. 그 후 그 자신 순교한 뒤 이곳에 묻혔기에 그의 이름이 이 카타콤베의 고유명사가 된 것이다. 교회 공동체의 공적 재산으로서 가장 오래된 이 지하 묘지는 현재 5층까지 발굴되어 있으며, 그 중 한 통로는 2㎞나 뻗어 있을 정도다. 여기에는 폰시아누스, 파비아누스, 식스투스 2세 등 교황들과 성인들의 묘지가 있다. 아우렐리우스 황제 때 박해를 받은 음악의 수호성인인 산타 체칠리아가 죽기 전에 자신이 소유하고 있던 모든 토지를 교회에 봉헌하고 순교한 뒤 이곳에 묻히기도 했다. 체칠리아는 뜨거운 욕탕에서 증기로 질식사당한 뒤 참수된 것으로 알려졌다. 17세기 초에 조각가 스테파노 마데르노에 의해 형상화된 그녀의 조각상이 이 성당에 있는데 성녀의 순교 모습을 생생하게 보여주고 있다. 그러나 이 조각의 원본은 트라스테베레에 있는 성 체칠리아 성당에 있고 여기 있는 것은 모사한 것이다.

성 세바스티아누스는 유럽에서 가장 널리 알려진 성인 중의 하나이다. 그는 갈리아 출신으로 디오클레시아누스의 병영에서 높은 직책을 수행하다가 박해를 받아 오늘날 성 보나벤투라 성당이 있는 팔라티노 언덕에서 304년에 순교했다. 그 뒤 그의 유해가 여기에 안치되었던 것이다. 그리하여 붙여진 이름이 성 세바스티아누스 카타콤베인데, 이 시절 성인들과 순교자들의 묘지가 온갖 수난을 당하고 있던 터라, 바티칸 계곡과 오스티아 가도에 버려져 있던 사도 베드로와 사도 바올로의 유해를 여기에 모셔왔다고 한다.

도미틸라 카타콤베 역시 중요한 성지이다. 이곳의 토지를 기증하였던 플라비아 도미틸라는 로마의 총독이었던 클레멘테의 조카였으며 로마 황제의 친척이기도 했다. 그러나 신자였기 때문에 도미치아누스 황제의 박해 때 지중해의 폰차 섬으로 유배되었다가 순교하였는데, 죽기 전에 자신이 가지고 있던 토지를 모두 교회에 바쳤다. 3세기 말에서 4세기 초에 순교했던 성인 네레우스와 아킬레우스의 유해가 여기에 모셔지면서 순교자들의 묘지가 들어서기 시작하였다. 313년 밀라노 칙령이 발표된 뒤에도 신자들은 성인들 곁에 묻히고 싶어 했기에 이곳의 묘지가 많아졌다고 한다. 두 성인의 무덤은 다른 곳으로 옮겨졌는데, 그곳에는 4세기 중엽의 벽화가 원래의 모습으로 남아 있다. 어린 소녀가 천국의 정원에 서 있는 모습을 하고 있다. 이 카타콤베는 897년에 지진으로 파괴되었는데, 19세기 중엽에 발굴되었다. 지하 4층까지 발굴되었는데, 2층까지만 일반에게 공개되고 있다.

라테라노의 성 요한 대성당(San Giovanni in Laterano)

나는 로마에 있는 오벨리스크들을 볼 때마다 로마인의 오만함과 웅대함을 동시에 느낀다. 어느 면에선 이집트 문화에 열등의식을 강하게 느끼던 로마인들이었기에, 이집트인들이 태양신을 숭앙하기 위해 만들어 소중하게 모시던 이 성물을 약탈해옴으로써 문화의 우월성을 과시하려는 오만함을 가졌을 것이다. 그러면서 그들은 먼 훗날 팍스 로마나의 기치 하에 전세계를 장악하려는 꿈을 배양했을 것이다. 무수히 많은 사람들이 광장을 시도 때도 없이 거닐고 있다. 보편적 우주주의를 추구했던 저들의 꿈은 이제 현실로 드러난 듯한 기분이다.

멜키아데 교황이 평민 출신 집정관이었던 라테라노가 기증했던 이 지역의 땅을 콘스탄티누스 대제로부터 헌납받아 라테라노의 성 요한 대성당을 짓기 시작하였다. 이 성당은 구세주 그리스도에게 봉헌되었는데 896년에 지진으로 붕괴되었고, 905년에 다시금 개축된 다음 세례 요한과 사도 요한에게 헌정되었다. 보니피시우스 교황은 1300년에 이 성당에서 처음으로 성년(Anno Santo)을 선포하여 신자들에게 용서와 일치, 그리고 기쁨과 평화를 선물로 줌으로써 모든 신자들로부터 크게 환영을 받았다. 그러나 1307년 교황청이 프랑스로 옮겨가는 아비뇽 유수 사건이 생긴 다음 성당은 방치되었고 1308년과 1360년에 일어난 화재로 인해 크게 손상되었다. 교황 인노첸시우스 10세가 1650년의 성년 행사를 위해 개축하도록 하여 오늘에 이르고 있다. 예술성이 뛰어난 성당 정면은 알렉산드로 갈릴레이의 작품이고 꼭대기에는 예수님과 제자들의 조각상이 세워져 있다. 콘스탄티누스 황제의 석상도 안에 있다. 로마인들은 황제의 얼굴을 자주 볼 수가 없었다. 다뉴브 근처에서 태어나 아시아에서 주로 성장한 이 황제가 로마에는 겨우 세 번 찾아왔기 때문이다. 130m나 되는 내부는 장엄한 분위기를 풍겨주고 있다. 중앙의 제단은 '교황의 제단'이라고 한다. 베드로 사도가 사용하던 제단이기에 나중에는 교황만이 미사를 집전하는 곳이 되었다.

라테라노의 성 요한 성당은 중앙 입구에 기록되어 있듯이 "전세계 모든 교회의 어머니이자 머리"이다. 그러기에 이 성당에는 로마의 공식 주교인 교황의 좌 'Cattedra'가 있다. 교황이 새로 탄생하면 성 요한 성당을 찾아옴으로써 첫 번째 공식 외출을 하는 셈이다.[15)]

성 요한 성당 맞은편에는 성 계단 성당이 있다. 여기에는 예수님이 수난을 당할 때 빌라도 총독에게 나아가면서 밟았던 계단이 있다. 콘스탄티누스 대제의 어머니 성 헬레나가 예루살렘에서 가져다 라테라노 궁전에 설치하였던 이 계단은 1589년 식스투스 5세 때 건축가 도메니코 폰타나에 의해 현재의 위치로 옮겨졌다. 그리고 교황 비오 9세 때부터 그리스도 수난회 수도자들이 관리해오고 있다. 예수님의 수난을 묵상하며 고통을 함께 나눈다는 의미에서 순례자들은 28개의 나무로 덧씌운 돌계단을 무릎으로 오르는 전통이 있다. 양쪽의 대리석 상들은 「유다의 입맞춤」과 「군중에게 예수를 소개하는 빌라도」로서 1854년 조각가 야코메티의 작품이다. 계단 꼭대기의 쇠창살 사이로 성 로렌초 성당이 보인다. 여기에는 천사들이 그렸다는 예수님의 초상화가 모셔져 있다.

쇠사슬의 성 베드로(San Pietro in Vincoli) 성당

이 성당은 440년경 발렌티아누스 3세 황제비 에우도시아의 뜻에 따라 베드로 사도를 묶었던 두 개의 쇠사슬을 보관하기 위해 세워졌다. 하나는 사도가 갇혀 있던 로마의 마메르티노 감옥에서 온 것이고 다른 하나는 예루살렘의 감옥에서 가져온 것으로서 두 개가 기적적으로 하나처럼 붙어 있다. 성당은 초라하다. 도리아식 대리석 원주가 스물네 개 있고 천장에는 17세기에 그려진 파로디의 벽화가 있다. 바닥은 얼마 전에 복구되었다.

이 성당에서 제일 중요한 의미를 지니고 있는 것은 미켈란젤로가 남긴 대리석 조각품 모세(Mose)상이다. 이 석상은 원래 교황 율리우스 2세의 무덤을 장식하기 위해 만들어졌다. 율리우스 2세는 교황 식스투스 4세의 조카였다. 식스투스 4세는 교황이 되기 전에 쇠사슬의 성 베드로 성당의 주임 추기경이었는데 이 직책을 율리우스에게 넘겨주었다. 그때 그는 로베레의 줄리아노 추기경이었는데, 나중에 교황(율리우스 2세)이 된 다음 르네상스 문화를 꽃피운 장본인이 되었다. 그는 성 베드로 성당의 재건 사업을 전개하면서 미켈란젤로로 하여금 시스틴 성당의 천장벽화를, 라파엘로에게는 라파엘로 스탄체를 그리도록 하였다. 율리우스 2세는 자신이 죽으면 성 베드로 성당 안에 장엄한 묘지를 만들어 거기 묻히고 싶었다. 그래서 그 당시 다윗상을 조각하여 세상 사람들을 깜짝 놀라게 했던 미켈란젤로를 불렀다. 그는 모세상과 같은 크기의 조각 44개, 부조 28개가 배열된 3단으로 된 사각형 기념물을 계획하였다.

모세는 시나이 산에서 십계명을 받아들고 내려왔을 때 자신의 백성들이 황금 황소를 숭배하는 것을 보고 분노하고 몹시 슬퍼했다. 이때 모세가 가졌던 분노와 걱정, 실망과 고통을 미켈란젤로는 이 대리석상에 나타내고 싶었다. 모세는 십계명이 적힌 석판을 옆구리에 꽉 끼고 있는 모습이다. 미켈란젤로가 석상을 다 마치고 (자신의 작품이 완벽하다는 것을 인식하고서) 모세의 무릎을 탁 치며 "왜 말이 없는가요?"라고 소리쳤다는 유명한 고사가 있다.[16]

산타 마리아 마조레(Santa Maria Maggiore) 대성당

이 성당은 로마에 있는 네 개의 대주교좌 가운데 하나이다. 일곱 언덕 중의 하나인 에스퀼리노 언덕에 352년 세워진 이 성당은 서방에서 제일 먼저 성모 마리아에게 헌정된 것으로 그 유명한 눈의 기적에 얽힌 일화를 가지고 있다. 하루는 성모가 로마의 귀족인 조반니 부부의 꿈에 발현하였다. 그들은 아들을 갖고 싶어했다. 성모는 그들에게 다음 날 아침 눈이 내리는 곳에 성당을 건축하게 된다면 소망이 이루어질 것이라고 하였다. 그들은 이 이야기를 리베리우스 교황께 말씀드리려고 갔더니 교황께서도 똑같은 꿈을 꾸었다는 것이다. 즉, 한여름 8월 5일 아침 일어나보니 에스퀼리노 언덕 꼭대기에 눈이 하얗게 내려 있었다. 그래서 처음에는 이 성당의 이름을 '눈의 성모 마리아'라고 하였다.

현재의 성당은 5세기 때로 거슬러 올라간다. 교황 식스투스 3세가 431년 에페소 공의회에서 동정녀 마리아가 공식적으로 예수님의 어머니로 선포된 것을 기념하고 축하하기 위하여 이 성당을 개축하였기 때문이다. 성당의 전면은 푸가(Fuga)에 의해 1743년 바로크 양식으로 복구되었다. 성스런 문(Porta Santa)이라는 중앙문은 왼편 중앙 원주회랑에 위치하고 있다.[17] 1377년에 세워진 로마네스크 양식의 종탑은 그 높이가 75m로 로마에서 제일 높은 종탑인 셈이다. 비아 카브르 쪽에서 이 성당을 바라보면 그 아름다움은 물론이려니와 장엄한 모습에 고개가 저절로 숙여진다. 아름다운 광장, 조화와 균형미로 이루어진 계단도 환상적이다. 황금분할을 자랑하는 바로크 양식의 본당 정면, 돔과 종탑 등이 광장에 있는 원주와 더불어 순례자의 영혼까지 훈훈하게 해준다. 마첸치오 공회당에서 옮겨왔다는 이 원주 위에는 1614년에 베르텔롯이 조각한 「아기를 안고 있는 마돈나」라는 동상이 세워져 순례자들에게 길잡이 역할을 하고 있다. 성모 마리아가 저렇게 우아하고 저렇게 조화로운 당신의 집에서 죄인들을 위해 기도하며 우리를 영원한 길로 인도하고 있는 것만 같다.

성당 내부는 길이가 86m로서 4세기 때 지어진 성당의 전형을 이루고 있는데 아름다운 모자이크 장식과 벽화들이나 부조들은 이 성당을 한층 더 돋보이게 하고 있다. 그 중에서도 5세기경의 것인 「수태고지의 장면」이라든가 「아브라함에게 빵을 제공하는 멜키세덱」 그리고 야고보 토리티의 1295년 작인 「성모의 대관식」 등은 특히 유명하다. 격자형의 천장은 줄리아노 다 상갈로의 1489년 작품으로 후에 금을 입혔다 한다. 이 금은 아메리카 대륙에 진출한 유럽인들이 수확하여 맨 처음 들여온 것이라 한다.[18] 또한 내부에는 많은 부속 채플(chapel)들이 있으며 곳곳에 수많은 예술품들이 즐비하다. 중앙 제단을 가운데 두고 양쪽에 있는 보르게세 부속성당과 성체 부속성당은 십자가 모양의 본당 주랑 양 끝을 장식하고 있다. 중앙 제단 밑에는 예수님이 베들레헴에서 태어날 때 누워 있던 말구유의 일부가 보존되어 있다고 한다.

이곳에 있는 모든 예술품들은 교회의 신앙적 의미로서도 중요하지만 시대시대의 삶과 예술의 양식이 잘 서려 있어 문화적 보고로서의 의미도 대단하다. 성당을 나오기 전에 베르니니의 무덤 앞에 잠깐 서서 로마를 아름답게 치장하기 위해 예술가의 투혼을 아낌없이 불태우던 이 천재에게 감사의 기도를 올릴 일이다. 무덤이야 지극히 소박하게 꾸며졌지만 이 예술가에게 바치는 로마인들의 존경과 사랑은 그 무엇과도 바꿀 수 없을 것이다.

성 밖의 성 바올로(San Paolo fuori le Mura) 대성당

이곳은 사도 바올로를 기리기 위해 세운 성당이다. 로마에는 성모 마리아와 성 베드로를 기리기 위한 성당들이 많고, 이들은 하나같이 역사적으로나 신앙적으로 중요한 의미를 지니고 있다. 또한 사도 바올로를 기념하여 세운 성당도 이들 못지않게 중요하다. 사도 바올로는 성 베드로 성인과 함께 그리스도교를 떠받들고 있는 양대 기둥이다. 두 성인은 신앙을 지키고 교회를 구하기 위하여 온갖 고초를 겪었고 순교도 마다하지 않았다.

세 분수 수도원은 바올로 성인께서 참수당한 곳에 건축되었다. 무솔리니가 이탈리아의 영광을 만방에 과시하기 위하여 만국박람회(EUR)를 로마에서 개최하기로 하면서 신로마를 건설하였고, 그곳의 이름을 'EUR'이라 하였다. 현대적 도시형태로 되어 있어서 모든 것이 시원시원하고 확 트인 기분이다. 60년 전에 세워진 신흥도시이기에 역사성이 그다지 풍부할 수는 없지만 로마에 있기에 그렇지 다른 도시에 있다면 이 또한 긴 역사를 가진 것이라 할 수 있을 것이다. 이 에우르에서 그다지

성 밖의
성 바올로
대성당.

멀지 않은 곳에 세 분수 수도원이 자리잡고 있다. 조용하고 쾌적한 곳이다. 지금이야 그렇게 표현할 수 있겠으나 옛날 바올로 성인께서 참수되던 곳이 아닌가? 음산한 곳이었으리라. 그러나 지금은 모든 것이 성수로 씻긴 듯 아름답고 아늑하기만 하다.

성인이 로마에 와서 당시의 로마 황제였던 네로에게 재판을 받고 참수될 때 돌기둥 위에서 잘려 떨어진 머리가 세 번 튀었는데 그 곳곳마다 샘이 솟아올랐다 한다. 이를 기념하여 수도원을 여기에 짓고 세 분수 수도원이라 명명하였다. 이 수도원 안에는 천국의 계단 성당이 있다. 팔각형 모양의 이 성당은 원래 이교도의 신전이었다. 디오클레티아누스 황제가 1만 명 이상의 그리스도교인들을 여기서 살해했다는 기록이 있다. 훗날 성 베르나르도가 이 성당 지하실에서 기도할 때 영혼들이 연옥에서 천국으로 올라가는 환영을 보았다 한다. 그 이후부터는 이 성당을 천국의 계단(Scala coeli) 성당이라 한다. 성 바올로는 참수되기 전에 여기에 갇혀 있었다. 이 성당을 나와 조금 더 나아가면 바올로의 참수 터를 기념하여 세운 순교 성당인 성 밖의 성 바올로 대성당이 있다.

원래 이 대성당에 사도 바올로의 시신이 안치되어 있었으나 여러 차례 겪은 로마 약탈 이후 성 세바스티아누스 카타콤베에 옮겨졌다가 다시금 제자리로 돌아와 중앙 제단 앞에 모셔져 있다. 성인의 영원한 안식처로는 바로 이 대성당이 최적일 것이다. 이 성당은 루치나라고 하는 상류계층의 부인이 헌납한 토지 위에 세워졌다. 처음에는 아나클레투스 교황 시절인 103년 기도원 형태로 건축되었으나 콘스탄티누스 황제가 324년에 아름다운 성당으로 바꾸었다. 그러나 시간이 흐르면서 구름처럼 몰려드는 순례자들을 수용할 수 없게 되자 385~386년에 이를 허물고 재건축하였다.

성 바올로 대성당은 시내로 들어가는 길목 성 밖에 위치하고 있었기에 롱고바르디의 약탈(739)과 사라센의 약탈(847) 때 더욱더 극심한 시련을 겪을 수밖에 없었다. 다행히도 코트족, 반달족, 비시고트족들로부터는 보호를 받았으나 계속되는 위험에 노출되어 있기는 마찬가지였기에 이 성당을 보호하기 위하여 요한 8세 교황이 872년 성채를 건설하였다. 보안이 보장되면서 많은 예술작품을 소장하기도 하였다. 16~18세기에 여러 차례 복원되기도 했던 이 성당은 마침내 1823년 대화재로 인해 결정적인 파괴를 겪었다. 레오 12세 교황에 의해 루이지 폴렛티 등의 설계로 재건축 사업이 착수되었고, 1854년 교황

피우스 9세 때 현재의 모습으로 다시금 탄생하였다. 20세기 초에는 칼데리니의 디자인으로 정면에 보강공사가 진행되었으며 조각가 오비치의 바울로상이 세워졌다.

그 아름다움이여, 그 영원함이여

레푸불리카 광장(Piazza della Repubblica)

"모든 길은 로마로 통한다(Tutte le strade guidano a Roma)"라는 격언이 옛날부터 있어왔다. 그 의미는 여러 가지로 해석되고 있다. 그 중에서도 모든 것이 로마로 집중되고, 모든 것이 로마에서 뻗어나간다는 풀이가 제일 적합한 것 같다. 조금은 오만한 생각이기도 하지만 세계를 장악하던 로마인들의 위용을 생각해서인 듯 자연스럽게 받아들여지는 해석인 것 같다. 그래도 이상하기는 마찬가지다. 적어도 오늘의 로마는 세계의 중심으로서의 역할을 많이 잃어버린 지 오래다. 그래도 분주히 오가는 사람들에게서 그러한 모습을 읽으려고 해본다.

공화국 레푸불리카 광장.

테르미니 역은 시내 중심지에 자리하고 있다. 주변의 건물들은 매우 오래된 것들이다. 역사 주위를 감도는 옛 로마의 성벽 잔해들은 옛 모습 그대로이다. 이 모든 것들과 철저한 대조를 이루는 테르미니 역사는 또 하나의 명물이다. 20세기 초에 세워진 초현대식 건축물로서 그 넓은 대합실은 기둥 하나 없이 만남의 광장 역할을 충실히 하고 있다.

테르미니 종착역 앞 광장은 상당히 넓다. 오른쪽으로 엄청나게 큰 폐허의 벽들이 눈에 들어온다. 그 자체가 고고학적 연구의 대상일 듯한 이 건축물들은 로마 국립 박물관으로 사용되고 있지만 원래는 디오클레시아누스의 욕장이었다. 298년에서 306년 사이에 건축된 욕장이 들어 있는 사각형 형태의 거대한 지역의 총면적은 대략 14만 m²에 달했고 3천 명 이상이 동시에 이용할 수 있었다. 열탕, 온탕을 비롯하여 냉탕으로 된 수영장이 있었고 주변의 정원에는 체련장이 있었다. 또한 독서와 회의에 적합한 회랑이 있는 광장(esedra)도 있었다. 서쪽과 동쪽의 모퉁이에 있던 원형의 방들은 나중에 욕장의 성 베르나르도 성당으로 개조되었다. 이 에세드라 광장을 모방하여 아름다운 공화국 광장(Piazza della Repubblica)이 19세기 말에 만들어졌다. 로마에서 가장 아름다운 광장 가운데 하나로 평가되는 이 광장은 디오클레시아누스 욕장에서 제일 중요한 에세드라 광장이 있던 바로 그 자리에 세워졌다. 특히 관광객이 많이 모이는 계절이면 전체가 하나의 축제의 장 같은 느낌을 준다. 좌우 양쪽 회랑의 건물들은 가에타노 코흐의 설계로 건축되어 길게 뻗어나간 나치오날레 가도의 출발지 역할을 하고 있다. 광장 한가운데에는 나이아디 분수가 있는데, 네 개의 여성상이 주위에 배열되어 있고 가운데에는 광포한 힘을 가진 승리자의 상이 물줄기를 뿜어대고 있다. 모두 마리오 루텔리라는 조각가의 작품이다.

욕장 내부의 광활한 뜰을 여기저기 걸으며 마주치는 돌무덤이며 그 무덤을 장식하기 위한 부속 조각물들을 더듬으며 역사의 물결을 거슬러 올라가보는 즐거움이 대단하다. 때로는 아무리 기를 써봐도 어렴풋하게나마 해석이 되지 않는 라틴어 글귀들을 대하며 가슴이 저리기도 한다. 대부분은 책을 뒤적이며 확인하지만 골똘히 추리력을 발휘해 그 글귀들을 풀어내

기라도 하면 날아갈 듯한 느낌이다.

세계에서 가장 중요한 고고학적 유물들을 소장하고 있는 곳 가운데 하나로 평가되고 있는 로마 국립 박물관은 몇 개의 구역으로 구분지어 유물을 보존하고 있다. 원래 욕탕 내부였던 팔각 홀(Aula Ottagona)에는 대부분의 주요 유물들이 새롭게 복원된 욕장의 맛시모 궁(Palazzo Massimo alle Terme), 알템프스 궁전(Palazzo Altemps), 크립타 발비(Crypta Balbi) 박물관에 옮겨지긴 했지만 아직도 중요한 조각품들이 많이 전시되어 있다. 그러나 건물 잔해 그 자체만으로도 박물관적 의미가 대단하기 때문에 여기 전시되어 있는 조각품들이 약간은 서러운 대접을 받고 있지 않은가 하는 생각이 든다. 나는 학생 때 이곳에 전시되어 있던 아프로디테 조각상에 반해서 수없이 드나들었다.

에세드라 광장에 있던 열탕, 온탕, 공회당은 미켈란젤로에 의해 1563~1566년에 천사들의 성 마리아 성당(S. Maria degli Angeli)으로 변형되었다. 이후 1749년에는 건축가 반비텔리(Vanvitelli)에 의해 다시금 개조되었다. 공식적 성격을 띤 종교 행사장으로 선호도가 가장 높은 성당이다. 허물어진 건물의 벽면 사이로 난 입구를 통해 성당 안으로 들어가면 겉모습과는 달리 웅장하고 세련된 균형미가 돋보인다. 미켈란젤로가 남긴 벽화는 물론이려니와 예술적 미각을 돋우는 조각과 제단들, 그리고 붉은 화강암으로 된 장대한 원주들도 아름답기 그지없다.

성 천사의 성(Castel Sant'Angelo)

이탈리아는 오페라의 나라이다. 어느 도시를 가도 그 도시의 규모에 걸맞은 오페라 전용 극장이 있기 마련이다. 로마에는 테아트로 델 오페라(Teatro dell'Opera)가 있다. 밀라노의 스칼라, 나폴리의 산 카를로, 베네치아의 페니체만큼 명성이 높지는 않지만 참으로 아름다운 오페라 극장이다. 테르미니 역에서 도보로 5분이면 닿을 수 있으니 도심에 위치하고 있는 셈이다. 오페라의 공연이 있는 날이면 이 극장 주변에 생기가 돈다. 특히 인기가 많은 작품들이 무대에 오르는 날이면 장안의 관심이 이곳에 집중되는 듯한 인상이다. 그 중에서도 「토스카 *Tosca*」는 단연 으뜸이다. 라디오에서도 주옥같은 아리아들이 거듭거듭 울린다.

별들은 빛나고 있었고

성 천사의 성.

대지는 향기를 피우는데
뜰의 사립문 삐걱이며
인적이 모래 위로 가벼이 스치더라.
꽃 냄새 풍기며 그녀가 들어와
내 품 안에 안기었으니…….
오, 달콤한 입맞춤, 오 부드러운 포옹이여!

이 노래는 우리에게도 너무나 친숙하다. 남자 주인공 카바라돗시가 사랑하는 연인 플로리아 토스카를 그리워하면서 부르는 이 노래의 무대는 바로 천사의 성이다. 이 성이 한때는 국사범 같은 중죄인들이 갇혀 지내던 감옥이지 않았던가? 테베레 강 건너 우람하게 자리잡은 이 천사의 성이 처음부터 감옥이었던 것은 아니다. 하드리아누스 황제가 자신과 가족의 묘지로 사용하기 위하여 건설을 시작했는데, 그가 죽고 난 일 년 후 139년에야 안토니누스 피우스 황제에 의해 완공을 보게 되었다. 폭 89m 높이 15m로, 솟아 있는 받침지반은 벽돌로 되어 있고, 그 위에 둘레 64m 높이 21m의 원형 드럼처럼 생긴 묘지가 세워졌다. 이 묘역을 이루는 모든 건축물은 원래 대리석으로 덧씌워져 있었고 현재의 출입구는 원래의 것보다 더 높다고 한다. 중앙의 커다란 방에는 하드리아누스와 더불어 카라칼라까지의 후예 황제들이 묻혀 있다. 테오도리쿠스 교황 때 이 묘역을 감옥으로 만들었는데 뒤이은 교황들이며 이탈리아 왕국의 정부에서도 1901년까지 그대로 사용하였다.

성 그레고리우스 마뉴스의 꿈에 나타난 천사를 기리기 위해 1600년 성의 꼭대기에 천사의 조각상이 세워졌다. 천사의 손에는 지금 십자가가 들려 있지만, 원래는 당시 로마에 창궐하던 전염병이 퇴치되었음을 선언하는 의미로 칼이 쥐어져 있었다. 천사상 옆에는 사형을 처할 때 울리던 자비의 종이 매달려 있다. 피에트로 판 페르샤펠트(Pietro van Verschaffelt)가 구리로 제작한 현재의 천사상은 여섯 번째의 것이다. 첫 번째 상은 나무로 만들었고 그 뒤로는 대리석으로 만들었다가 모두 무너졌다. 현재의 동상은 1798년에 프랑스 침략군에 의해 프랑스 국기 색깔로 칠해지는 수모를 겪기도 하였다. 1277년에는 위험에 처할 때 바티칸에서 천사의 성까지 피신할 수 있는 비밀통로가 설치되었다.

이곳 감옥에 수감되었던 역사적 인물로는 르네상스 시기의 금은 세공가 첼리니(Cellini)와 혁명적 사상가 콜라 디 리엔초(Cola di Rienzo)가 있었다. 로마 약탈 시기에 클레멘테 7세 역시 이곳에 갇혀 있었다. 현재는 군사 박물관으로 개조되어 고대부터 현대까지의 각종 무기들이 진열되어 있다.

로마의 테베레 강에는 수많은 다리가 놓여 있는데 모두가 하나같이 아름다운 모습이다. 그 중 가장 특징적인 것이 천사의 성과 도심을 이어주는 엘리오 다리(Ponte Elio)일 것이다. 데메트리오의 설계로 123년에 건설되었다. 엘리오 하드리아누스 묘지로 안내하는 다리라 해서 그의 이름을 따 엘리오 다리라 하였으나, 성 그레고리우스 마뉴스의 꿈에 나타난 천사로 인해 1600년부터 성 천사의 다리(Ponte Sant'Angelo)라 부른다. 그러나 원래의 다리에서 남아 있는 것이라곤 중앙의 아치 세 개뿐이다. 1300년 보니파시우스 교황이 선포한 성년 때 대대적인 보수가 이루어졌고 그 뒤 1535년에는 교황 클레멘테 7세가 성 바올로와 성 베드로 석상을 세우게 하였다. 그리고 1669년에는 교황 클레멘테 9세가 조각가 베르니니로 하여금 천사의 조각상들을 설치하도록 하였다.

역사적으로 가장 유명한 다리는 밀비오 다리(Ponte Milvio)이다. 이 다리는 로마에서 가장 오래된 목조다리 중 하나이다. 2차 포에니 전쟁 때 한니발 장군과 형제 간인 아스드루발레가 이끄는 카르타고인들을 로마의 호민관 클라우디오 네로네의 지휘 아래 있던 로마인들이 이 다리에서 무찔렀다는 고사가 있다. 밀비오 다리는 원래 몰비우스라는 이름을 가진 사령관에 의해 건설되었다는 전설이 있으나 비교적 정확한 이야기는 기원전 110년 마르코 에밀리오 스카우로 집정관에 의해 돌다리로 개조되면서부터 시작되었다. 이 다리는 역사의 흐름에서 수많은 증언자 노릇을 하였는데 그 중에서 가장 중요한 것은 밀비오 다리 전투(혹은 삭사 루브라(Saxa Rubra)라고도 함)이다. 콘스탄티누스 다리와 지척에 있는 이곳에서 마센치오를 무찔렀던 전쟁을 일컫는 말이다. 콘스탄티누스 황제가 마센치오와의 싸움을 맞아 고뇌에 차 있을 때 꿈에 십자가상이 나타났는데, 그 효험으로 전쟁을 이기고 그리스도교를 받아들였다고 한다. 그 이후로도 이 다리는 수많은 피해를 입었고 그때마다

개보수되었다. 2천 년이 지난 현재에도 원래의 로마시대 다리 구조 중 네 개의 아치 가운데 세 개의 아치가 남아 있다.

또 웅장한 미를 자랑하는 현대적인 리소르지멘토 다리(Ponte Risorgimento)를 비롯하여 아오스타 공작의 다리(Ponte Duca d'Aosta), 마르게리타 왕후의 다리(Ponte Regina Margherita), 에마누엘레 다리(Ponte V. Emanuele), 카브르 다리(Ponte Cavour) 등 19세기 말에서 20세기 전반부에 건설된 다리들과 함께 역사적으로 아주 오래된 다리들이 서로 어우러져 테베레 강의 이쪽저쪽을 이어주고 있다.

밀비오 다리와 더불어 로마에서 가장 오래된 다리로 티베리나 섬과 연결되어 있는 파브리치오 다리(Ponte Fabricio)와 체스티오 다리(Ponte Cestio)를 들 수 있다. 이들은 기원전 반세기 이전에 두 집정관에 의해 세워졌는데, 티베리나 섬의 왼쪽과 오른쪽을 이어주고 있다. 특히 유대인 지역인 게토가 인접하고 있어 유대인의 다리로 불리기도 하는 파브리치오 다리는 기원전 62년에 건축된 이후 복원공사를 많이 받기는 했으나 옛 모습을 가장 많이 보전하고 있는 다리다. 기원전 46년에 세워진 체스티오 다리는 19세기 말에 상당 부분 보수작업을 거쳤다. 예로부터 의학의 신 에스쿨라피오에게 헌정되었던 티베리나 섬에는 오늘날에도 유명한 종합병원이 들어서 있다.[19)]

고대 로마인들의 삶은 전반적으로 강에 연결되어 있었다. 교통과 통신을 비롯하여 물류의 이동도 강과 깊은 관계를 맺고 있기 때문에 그들이 어떻게 살고 어떠한 생각을 가지고 있는지를 강 주위에서 생성된 인습과 전통을 통해 이해할 수 있다. 티베리나 섬을 통해 강을 건너 바티칸 쪽으로 가면 '트라스테베레'라는 지역이 나온다. 저렴한 가격의 식당들과 카페, 벼룩시장(Porta Portese)과 허름한 극장들이 많아 노동자를 비롯하여 가난한 서민들과 장인들이 모여 살고 있다. 불미스러운 사건들도 많이 일어나는 곳이라 조심해야겠지만 로마의 참맛을 이해하려면 반드시 가봐야 할 명소이기도 하다. 이 지역에는 유명한 성당이 둘 있다. 하나는 순교자 성 체칠리아 성당이고 다른 하나는 로마에서 제일 먼저 세워졌다는 트라스테베레의 성 마리아 성당이다. 성 마리아 성당에는 성모 마리아의 일생을 형상화한 모자이크가 많이 있다.

바티칸(Vatican)

강변도로를 따라 조금만 내려가면 성 베드로 광장(Piazza San Pietro)에 이르는 길로 들어선다. 이 길은 화해의 길이라는 이름의 비아 델라 콘칠리아치오네(Via della Conciliazione)이다. 1929년에 바티칸과 이탈리아가 체결한 라테란 조약을 기념하기 위해 1937년 착공하여 1950년 성년을 맞아 개통되었다.

화해의 길 양편에는 아름다운 건물들이 나지막하게 줄지어 있고 그 길이 끝나는 곳에 예술가 베르니니가 설계한 성 베드로 광장이 나타난다. 30만 명을 수용할 수 있는 거대한 광장임에도 조금의 흐트러짐이 없는 완벽한 아름다움을 자랑하기에, 여기에 들어서는 순간 그 황홀함에 취해 현기증이 날 정도이다. 정면에 성 베드로 대성당을 두고 광장 양 가장자리로 커다란 팔을 벌려 전 우주를 포옹하고 있는 듯이 원주들이 네 줄로 회랑을 이루고 있는데, 그 회랑의 테라스 위에는 142명의 성인 석상이 설치되어 있다. 모두가 조각가 베르니니에 의해 계획된 예술품들이다. 1655년에서 1667년 사이의 비교적 짧은 기간에 만들어진 이 광장에는 칼리골라 황제가 자신이 만든 원형경기장에 세워두고자 이집트에서 가져온 오벨리스크가 서 있다. 바로 이 경기장에서 성 베드로 사도가 거꾸로 매달려 순교를 당했고, 이를 기념하여 훗날 이 자리에 성 베드로 대성당을 지었던 것이다. 오벨리스크가 현 위치에 놓이게 된 것은 1586년 교황 식스투스 5세 때이고, 그 뒤 교황 알렉산드로 7세 때 그를 배출한 키지(Chigi) 가문의 문장으로 장식했다. 양쪽의 원주회랑 앞에는 아름다운 분수가 있다. 오른쪽 것은 마데르노에 의해 1615년에, 왼쪽 것은 베르니니에 의해 1677년에 세워졌다.[20)]

오른쪽 회랑 너머에 교황이 기거하는 아파트와 더불어 바티칸 시국의 실체가 있다. 바티칸 시국(La Città di Vaticano), 즉 교황청은 이탈리아 안에 있는 독립된 나라이다. 면적이야 고작 0.44㎢에 지나지 않지만 교황을 수반으로 별도의 법률과 제도에다 이탈리아와는 다른 화폐와 우표 등을 가지고 있는 나라이다. 가톨릭의 총 본산이자 전세계의 가톨릭교도들을 관장하고 있는 나라로서 광장과 대성당, 정원과 박물관 및 부속

건물이 포함되어 있다. 교황청은 유럽의 역사를 주도해왔지만 1870년 9월 20일 로마의 포르타 피아에서 이탈리아 왕국의 군대에게 항복한 다음부터 그 위력이 극도로 약해진 듯한 모습이었다. 이탈리아가 통일하고 정부를 수립한 지 10여 년이 지나면서 로마가 신흥 통일 이탈리아 왕국의 수도로 확정되었다. 교황의 권력은 천 년의 영화를 끝으로 1929년 라테란 조약 때까지 바티칸의 궁정 안에 묻혀 지내야 했다.

성 베드로 대성당(Basilica di San Pietro)

바티칸에서 가장 중요한 기구인 성 베드로 대성당은 349년에 콘스탄티누스 황제에 의해 베드로 성인의 묘지 위에 세워졌고 실베스트로 교황이 396년에 대성전으로 축성하였다. 그러나 이 성전은 이민족의 잦은 약탈로 인해 극심한 피해를 보았다. 그때마다 보수작업이 뒤따르긴 했으나 원래의 모습은 찾을 길이 없었다. 마침내 1503년 교황 율리우스 2세가 상갈로의 줄리아노에게 성전의 재건축 계획을 세우도록 하여 브라만테의 설계에 따라 재건축 사업이 시작되었다. 브라만테는 로마에서 가장 역사성이 깊은 판테온의 돔 형태와 화려하고 아름다운 기둥을 도입하고자 하였다. 도중에 몇 차례의 변형이 있었으나 브라만테의 설계는 막판에 건축 책임자였던 미켈란젤로에 의해 다시금 채택됨으로써 오늘에 이르도록 남아 있다.

브라만테가 죽자 건축역사는 라파엘로에게 넘어갔다. 그러

성 베드로 대성당.

나 교황 레오 10세는 이것을 라파엘로에게만 맡겨둘 수가 없어 상갈로의 줄리아노와 베로나의 조콘도 수사에게 라파엘로를 도와 콘스탄티누스의 기념 성당 구조를 되도록 살리는 선에서 공사를 진행하도록 하였다. 바로 이런 와중에 1517년 루터에 의한 종교개혁이 일어나고, 1527년 란체스키를 중심으로 한 독일 용병들의 반란으로 공사가 중단되었다. 공사는 1534년 바올로 3세가 즉위하면서 재개되었다. 상갈로의 안토니오가 주도하였고 야코포 멜레키노가 조수로 참여하였다.

1546년에 안토니오가 죽자 미켈란젤로가 이 공사를 이어받았다. 교황 바올로 3세는 미켈란젤로가 73세의 고령임에도 불구하고 그에게 절대적인 신임을 보내며 "신이 보내준 사람"이라고 극찬을 아끼지 않았다. 미켈란젤로는 전임자였던 안토니오의 설계를 면밀히 분석한 끝에 대수정 작업이 필요하다고 판단하였다. 미켈란젤로가 수정 보완한 설계도는 초기의 브라만테 정신으로 돌아간 듯한 느낌을 주었다. 내부를 그리스식 십자가 형태로 재조정하였고 돔을 현재의 모습대로 설계 변경

하였다. 돔은 이 대성당의 꽃이다. 미켈란젤로는 이 돔을 세우기 위하여 1557년 탐부로를 세우면서 1558년에서 1561년까지 나무로 된 돔의 모형을 제작하였다.

1564년 미켈란젤로가 죽자 공사가 잠시 비판에 부딪치기도 했으나 교황 식스투스 5세가 즉위하면서 다시금 활발하게 진행되었다. 그러다가 1605년 교황 바올로 5세가 등극하면서 성당의 건축은 다시금 변화를 겪었는데, 신임 교황이 옛 콘스탄티누스 기념 성당이 자리잡고 있던 모든 지역을 포괄하기를 원했기 때문이다. 그리하여 대역사의 책임자로 등장한 예술가가 카를로 마테르노이다. 그에 의해 마무리 작업이 순조롭게 진행되었으며 특히 정면공사도 이루어졌다. 마테르노는 모든 면에 있어서 미켈란젤로의 정신을 철저히 계승했다. 1629년에 마테르노가 죽자 신축 성당의 마무리 작업은 잔 로렌초 베르니니에게로 돌아갔다. 그는 성당의 내부가 조화롭게 어울리는 완벽한 아름다움을 창출하는 데 온 힘을 기울였다. 성당의 바닥을 대리석으로 아름답게 치장하고, 양쪽 회랑에 마련된 소성당(Capella)들의 장식을 붉은색 기조의 천연 대리석으로 하여 더욱 아름답게 하였다. 천재적인 조각가로 평가받고 있는 베르니니가 있음으로 해서 성당은 완전한 예술작품이 되어 건축사에 길이 남게 되었다. 물론 브라만테, 라파엘로, 미켈란젤로, 마테르노 등 수많은 예술가들의 혼이 융화를 이루어 만들어졌다는 점도 빠뜨릴 수 없다.

베드로 성인과 바올로 성인의 조각상이 건물 앞에 서 있는 본당으로 들어가려면 입구의 회랑을 통과해야 한다. 길이 71m 폭 13m 높이 20m의 장엄한 회랑이다. 바닥에는 교황 요한 23세의 문장이 대리석으로 장식되어 있으며 콘스탄티누스 황제의 대리석상이 오른쪽에 있다. 이 석상은 베르니니가 1670년에 완성한 작품이다. 그 반대편에는 1725년에 코르나키니가 만든 샤를마뉴의 대리석상이 있다

입구회랑에서 내부로 들어갈 수 있는 문이 다섯 개 있는데, 맨 오른쪽에 있는 문이 '성스러운 문(Porta Santa)'으로 성년이 되는 해에 일 년 동안 열린다. 1950년 성년을 기념해 제작된 이 문에는 16편의 성서 이야기가 부조되어 있다. 또 같은 해에 제작된 '성사의 문' 역시 성년을 기념한 것이었다. 가운데에는 '중앙문(Grande Portale Centrale)'으로서 초기부터 있던 문이 있다. 1455년에 아베를리노가 제작한 이 문 위쪽에는 그리스도와 마리아의 모습이, 아래쪽에는 베드로와 바올로 성인이 부조되어 있다. '중앙문' 바로 왼쪽에 있는 문이 1977년 교황 바올로 6세의 80회 생일을 기념해 만든 '선과 악의 문'으로 오른쪽에는 선한 것을, 왼쪽에는 악한 것을 상징하는 형상들이 부조되어 있다. 맨 왼쪽의 문은 '죽음의 문'으로 요한 23세 교황이 조각가 만추(Manzu)에게 요청해 만든 예술작품이다. 이 문은 죽음의 의미를 생각하게 한다. 그러나 단순한 죽음이 아니라 부활에 이르는 죽음이 되어야 한다는 가르침을 암시하고 있다.

성당 안으로 들어서면 우선 그 화려함과 웅장한 규모에 압도되어 정신을 잃을 정도이다. 중앙 통로의 길이가 약 186m,

폭이 140m 높이는 46m이고 중앙의 제대에서 돔까지의 높이는 137m에 이르므로 로마에서 가장 높은 건물인 셈이다. 대성당 내부에는 44개의 크고 작은 채플, 즉 제대들과 395개의 조각품이 곳곳에 배열되어 있으며, 135개에 달하는 모자이크 그림들이 벽면에 장식되어 있어 그 자체로도 완벽한 미술관인 셈이다.

성당 내부에 들어서서 오른쪽으로 향하면 사람들이 많이 모여 있는 것을 발견할 것이다. 미켈란젤로의 피에타 조각상이 있기 때문이다. 그의 나이 겨우 25세에 완성한 피에타 상은 문자 그대로 최고의 걸작품이다. 금방이라도 살아 움직일 듯한 모습의 성모님과 그리스도의 의미를 성공적으로 형상화하고 있다. 고귀하고 정결한 동정녀의 영상과 인류의 구원을 위해 스스로를 제물로 내놓은 그리스도의 모습이 교묘하게 대비를 이루면서도 서로 어우러지게 한 점은 놀라울 정도이다. 왼쪽 통로를 걸어올라가면 오른쪽에 성 베드로의 청동상이 있다. 아르놀포 디 캄피오(1245~1302)가 제작한 것으로 피에타와 함께 이 성당의 명물로 통한다. 발가락에 입을 맞추면 죄를 용서받고 복을 얻는다는 전설로 인해 오른쪽 발이 다 닳았을 정도이다.

미켈란젤로가 설계한 돔과 더불어 또 하나의 명물로 평가받는 베르니니의 작품으로 교황 제단의 천개(Baldacchino)가 있다. 역시 최고의 걸작으로서 르네상스와 바로크 예술의 상징이다. 그러나 이 천개는 높은 예술성에도 불구하고 제작 당시에는 과다한 청동금속의 사용 때문에 비난의 대상이었다. 심지어 판테온 내부 천장에서 청동을 떼어와야 할 정도였다 한다.

사도 베드로의 무덤 위에 중앙 제단이 있고 여기서 집전하는 교황의 미사에 참여한다는 것은 신자들뿐만 아니라 모두에게 커다란 기쁨이다. 그렇다. 대성당은 관광하기보다는 순례하는 곳이다. 깊은 명상 속에 간간이 기도를 읊조리며 한 발 한 발 옮기며 며칠은 보내야 하는 성역이다. 지하의 성인 묘역을 참배하고 두루두루 성화와 성물들을 감상한 다음, 성당 내부의 박물관을 견학하고 나서 돔으로 올라가는 엘리베이터를 타면 천국을 향해 올라가는 느낌이 든다. 굽이굽이 계단을 돌아 쿠폴라 꼭대기에 오르면 로마의 전경이 한눈에 들어온다. 그 아름다움이여! 그 영원함이여! 발 아래 찬란하게 펼쳐진 바티칸 정원에서 싱그러운 바람이 불어온다. 시스티나 채플의 벽화, 위대한 르네상스 예술가들의 그림과 조각들, 도처에서 수집해온 보석 같은 문화재들이 박품관에서 역사의 향기를 풍기고 있다. 그 중에서도 미켈란젤로와 라파엘로의 환상적인 예술성은 얼마나 대단한가! 이 모든 예술품들이 풍겨주는 향기에 취해 눈을 감고 조용히 생각에 잠긴다. 바티칸 곳곳에 숨겨진 저 은밀한 보물들을 여기 소개하지 못하여 미안한 마음이다. 지면의 부족을 아쉬워하며 그들에 대한 이야기는 차라리 다음으로 미뤄야겠다고 다짐하니 마음이 편하다.

주

1) Luisa Franchi dell'Orto, Roma Antica, Arno e Tevere, Firenze, 1982, p.3. Tacitus, *The Annals and The Histories*, Book XII, 24, Encyclopaedia Britannica, 1952, p.115.
2) Stendhal, *A Roman Journal*, tr. by Haakon Chevalier, The Oxford Press, London, 1959, p.77.
3) Tulio Polidori, *Spledori di Roma e del Vaticano*, TPE Editore, Roma, 1981, p.71.
4) 같은 책, p.71.
5) www.activitaly.com/monument/piazzanavona.htm
6) Polidori, 앞의 책, p.27.
7) 아우렐리우스, 『명상록』(한형곤 옮김, 거암, 1980), p.11.
8) Emily Hatchwell, 『Italy 이탈리아』(영진닷컴, 2003), p.135.
9) Polidori, 앞의 책, pp. 84-99의 내용을 참조. www.activitaly.com/monument/fororomano
10) 기벨, 『로마문학 기행』(박종대 옮김, 백의, 1995), p.199.
11) Stendhal, 앞의 책 , p.17.
12) Polidori, 앞의 책, p.130.
13) www.icontravels.com/christian/catacombe.htm
14) Polidori, 앞의 책, p.130.
15) 같은 책, pp.126-128.
16) 같은 책, p.123.
17) 같은 책, p.118.
18) www.icontravels.com/christan/maria_roma
19) ww.xoomer.virgilio.it/michamb/servizi/main_servizi_ponti
20) Polidori, 앞의 책, p.34. www.icontravels.com/christian/bedro에 의하면 오벨리스크를 이전했던 도메니코 폰타나가 왼쪽 분수를 세웠다고 한다.

참고문헌

Bonechi, E., *Roma*, Bonechi Ed., Firenze, 1978.

Bonechi, E., *Tutta Roma*, Bonechi Ed., Firenze, 1968.

Hatchwell, 『Italy 이탈리아』, 영진닷컴, 2003.

L'Italia descritta e illustrata, Sonzogno, Milano, 1909.

Luisa Franchi dell'Orto, Roma Antica, Arno e Tevere, Firenze, 1982.

Macmullen, R., *Corruption and the Decline of Rome*, Yale U. Press, New Heaven, 1988.

Mancinelli F., Vaticano－Storia e Arte, Scala Istituto Fotografico Ed., Firenze, 1974.

Pollidori, T., *Splendori di Roma*, Officini Grafiche, Calderini, Roma, 1981.

Reid, T. R., "The Power and the Glory of Roman Empire", *National Geographic*, July–August 1997.

Rodolio, N., *Storia degli italiani*, Sansoni, Firenze, 1964.

Stendhal, *A Roman Journal*, Orion Press, London, 1959.

Tacitus, *The Annals and The Histories*, Book XII, 24.

마리온 기벨, 『로마문학 기행』, 백의, 2000.

몬타넬리, I., 김정하 옮김, 『로마 제국사』, 까치, 1998.

브런트, P.A., 현승일 옮김, 『로마 社會史』, 탐구당, 1971.

아우렐리우스, 한형곤 옮김, 『명상록』, 거암, 1980

한형곤, 『샘터』, 1979. 8.

www.activitaly.com/monument/piazza

www.xoomer.virgilio.it/michamb/servizi/main_servizi_ponti

www.icontravels.com/christan

로마 똘레랑스의 제국

초판발행 2004년 6월 30일 | 3쇄발행 2009년 8월 5일
지은이 한형곤
펴낸이 심만수 | 펴낸곳 (주)살림출판사
출판등록 1989년 11월 1일 제9-210호

주소 413-756 경기도 파주시 교하읍 문발리 파주출판도시 522-2
전화번호 영업 · (031)955-1350 기획편집 · (031)955-1357
팩스 (031)955-1355
이메일 book@sallimbooks.com
홈페이지 http://www.sallimbooks.com

ISBN 89-522-0247-3 04080
89-522-0096-9 04080 (세트)

값 9,800원